Ventas 360º

Guía Completa para el Vendedor Moderno

Chris Talander

© 2024 Todos los derechos reservados.
Primera Edición

Contacto:
Instagram: @chris.talander

ISBN: 9798304252867
Publicación Independiente

Este libro está protegido por las leyes internacionales de derechos de autor. Queda prohibida la reproducción total o parcial de su contenido, bajo cualquier forma o medio, electrónico o mecánico, incluyendo fotocopia, grabación o sistemas de almacenamiento y recuperación de información, sin el permiso previo y por escrito del titular de los derechos.

La información proporcionada en este libro tiene fines informativos y educativos. Aunque se han realizado todos los esfuerzos para garantizar la exactitud y actualidad del contenido, el autor(a) no asume responsabilidad legal alguna por daños o perjuicios derivados del uso de la información aquí presentada. Las técnicas, estrategias y ejemplos descritos pueden variar según el contexto, la industria y la legislación local. Se recomienda que el lector obtenga asesoramiento profesional adicional antes de aplicar las prácticas sugeridas.

Para Constanza

*"Tú me motivaste a encontrar la versión de mí
con la que quiero vivir la vida"*

"En un mercado cada vez más competitivo, la figura del vendedor moderno va más allá de la simple transacción: es un asesor experto, un comunicador efectivo y un constructor de relaciones a largo plazo. 'Ventas 360°: Guía Completa para el Vendedor Moderno' reúne las mejores técnicas, estrategias y enfoques, integrando psicología del cliente, comunicación multicanal, construcción de marca personal, manejo de objeciones, posventa, ética y sostenibilidad."

"Esta obra es una herramienta imprescindible tanto para quienes dan sus primeros pasos en el mundo de las ventas, como para profesionales experimentados que desean actualizar y perfeccionar su método. Con ejemplos prácticos, consejos accionables y una visión integral, este libro te ayudará a destacar, fidelizar clientes y construir un camino sólido hacia el éxito comercial."

Índice:

1. **Introducción**

    1.1. Contexto y objetivo del libro
    1.2. Importancia de las ventas en el entorno actual
    1.3. Cómo utilizar este libro de manera efectiva

2. **Capítulo 1: El Rol del Vendedor Moderno**

    2.1. Evolución del vendedor: de agente transaccional a consultor
    2.2. Habilidades blandas y duras del vendedor actual
    2.3. Adaptabilidad, resiliencia y mentalidad de crecimiento

3. **Capítulo 2: Fundamentos de la Comunicación en Ventas**

    3.1. Comunicación verbal, no verbal y paraverbal
    3.2. Escucha activa y empatía
    3.3. Lenguaje positivo y manejo del tono

4. **Capítulo 3: Entendiendo a tu Cliente: Psicología y Segmentación**

    4.1. Tipologías de clientes y motivaciones de compra
    4.2. Principios psicológicos: efecto ancla, reciprocidad, escasez, prueba social

- 4.3. Investigación de mercado, segmentación y personalización de la oferta
- 4.4. Análisis del comportamiento del consumidor en entornos digitales y presenciales

5. **Capítulo 4: Técnicas y Estrategias de Venta**

    - 5.1. Principales metodologías de venta: SPIN, Challenger Sale, Venta Consultiva
    - 5.2. Presentación de valor agregado
    - 5.3. Uso de storytelling y comunicación persuasiva
    - 5.4. Negociación efectiva: tácticas, concesiones y cierre
    - 5.5. Herramientas digitales para la gestión del embudo de ventas (CRM, automatizaciones)

6. **Capítulo 5: Marketing Personal y Construcción de Marca**

    - 6.1. La marca personal del vendedor: reputación, confiabilidad y coherencia
    - 6.2. Uso de redes sociales profesionales
    - 6.3. Branding individual: diferenciarse en un mercado saturado

7. **Capítulo 6: Canales de Venta: Presencial, Telefónico, Online**

    - 7.1. Ventas presenciales: preparación, rapport y demostraciones

- 7.2. Ventas telefónicas: brevedad, claridad, manejo de la voz y el tiempo
- 7.3. Ventas online: videollamadas efectivas, chat en vivo, redes sociales, email marketing
- 7.4. Uso de contenido digital (blogs, webinars) para nutrir al cliente

8. **Capítulo 7: Venta de Tangibles vs. Intangibles**

   - 8.1. Diferencias clave en el enfoque y la propuesta de valor
   - 8.2. Gestión de expectativas: lo concreto vs. lo abstracto
   - 8.3. Técnicas para hacer "tangible" un servicio

9. **Capítulo 8: Ética y Sostenibilidad en las Ventas**

   - 9.1. Vender con integridad y responsabilidad
   - 9.2. Transparencia y honestidad en la información al cliente
   - 9.3. Sostenibilidad social y ambiental: el vendedor como asesor consciente

10. **Capítulo 9: Manejo de Objeciones y Cierre de Venta**

    - 10.1. Tipos de objeciones (precio, tiempo, valor, confianza)
    - 10.2. Estrategias para resolverlas: empatía, reformulación, prueba de valor

- 10.3. Técnicas de cierre: cierre directo, cierre por opción, cierre condicional

11. **Capítulo 10: Servicio Posventa y Fidelización de Clientes**

    - 11.1. Seguimiento continuo y mantenimiento de la relación
    - 11.2. Programas de fidelización, referencias y testimonios
    - 11.3. Ventas recurrentes y aumento del valor por ciclo de vida del cliente

12. **Conclusiones**

    - 12.1. Resumen de las ideas clave
    - 12.2. Próximos pasos para el vendedor: plan de acción y mejora continua
    - 12.3. Importancia de la formación y actualización permanente

13. **Referencias Bibliográficas**

    - 13.1. Citas a textos, estudios o autores mencionados (estilo APA)
    - 13.2. Recursos recomendados para profundizar en temáticas específicas

14. **Glosario de Términos Clave**
15. **Casos Prácticos o Ejemplos Concretos**
16. **Plantillas y Herramientas Prácticas**

17. Recursos Adicionales y Lecturas Complementarias
18. Notas sobre Adaptaciones Culturales o Locales

INTRODUCCIÓN

La venta es una actividad humana que trasciende las fronteras de la mera transacción económica. En cada interacción comercial, el vendedor no sólo ofrece un producto o servicio, sino que, en muchos casos, transmite confianza, conocimiento y la promesa de una mejora en la vida del cliente. En la actualidad, el mundo de las ventas ha experimentado una transformación significativa: el cliente ya no es un agente pasivo, sino un actor informado, empoderado y con acceso inmediato a una gran cantidad de información. Esto obliga al profesional de ventas a desarrollar nuevas habilidades y estrategias, que van más allá del discurso ensayado y las tácticas básicas del pasado.

La presente obra, "Ventas 360°: Guía Completa para el Vendedor Moderno", nace con el objetivo de ofrecer una visión integral del proceso de venta. Aquí encontrarás un compendio de técnicas, herramientas y enfoques que, combinados, te ayudarán a destacar en un entorno cada vez más competitivo y exigente. Desde el análisis de las motivaciones del cliente, pasando por la construcción de una marca personal sólida, hasta la aplicación de principios psicológicos para influir de manera ética en las decisiones de compra, este libro busca ser tu acompañante en el camino hacia la excelencia en ventas.

Esta guía no se limita a un solo tipo de producto o servicio. Ya sea que vendas productos tangibles, como dispositivos electrónicos o vehículos, o intangibles, como seguros, asesorías o planes de ahorro, los principios aquí presentados serán aplicables, adaptables y escalables a diferentes contextos. El propósito es que cada lector pueda tomar lo que más le sirva y aplicarlo a su realidad profesional, sin importar su nivel de experiencia previa ni el sector en el que opere. A lo largo de estas páginas, encontrarás herramientas y perspectivas que pueden marcar una diferencia real en tus resultados.

Este libro se ha organizado para que puedas avanzar paso a paso, desde las bases más fundamentales de la comunicación y el entendimiento del cliente, hasta las estrategias más complejas y específicas para distintos canales de venta. La idea es que, al finalizar la lectura, no sólo entiendas las técnicas, sino también la lógica y por qué detrás de cada recomendación. Así, el conocimiento no se quedará en la teoría: podrás transferirlo a tu día a día, generando oportunidades de mejora en cada interacción comercial.

Además, uno de los grandes valores de este texto es su enfoque multidisciplinario. Aquí convergen elementos de la psicología, el marketing, la gestión empresarial, la sociología y la comunicación. Esta variedad pretende brindarte una visión holística, permitiéndote abordar la venta como un proceso complejo y dinámico, en el que intervienen múltiples factores que van desde las emociones del comprador hasta las normas sociales y culturales que influyen en el comportamiento de consumo.

Cada capítulo se complementa con recomendaciones prácticas, ejemplos reales, y sugerencias de herramientas que podrás implementar. También encontrarás referencias bibliográficas que respaldan las ideas presentadas, garantizando que el contenido se base en estudios reconocidos y fuentes fiables. Estas referencias, además, pueden ser un punto de partida para profundizar aún más en aquellos temas que consideres más relevantes para tu labor.

A lo largo del libro, se hacen sugerencias sobre el uso de diagramas, cuadros comparativos y otros recursos visuales que facilitan la comprensión de conceptos y la asimilación de información. Si bien este texto se presenta inicialmente en formato escrito, la intención es que puedas imaginar o integrar dichos elementos en tu propia versión final, creando presentaciones y herramientas personalizadas que refuercen tu aprendizaje y el de tu equipo de trabajo. En este sentido, tu creatividad será un aliado poderoso, sin límites reales.

Finalmente, es importante destacar que este libro no pretende ser una fórmula mágica ni un atajo garantizado hacia el éxito instantáneo. Las ventas, en todas sus formas, requieren trabajo constante, dedicación, perseverancia y la voluntad de aprender de cada experiencia, sea esta un acierto o un error. Lo que encontrarás aquí son fundamentos sólidos, estrategias comprobadas y perspectivas informadas que pueden servirte como guía y punto de referencia mientras recorres tu propio camino comercial.

La estructura de los capítulos ha sido diseñada para que puedas seguirlos en orden, consolidando una base teórica y práctica antes de adentrarte en técnicas más avanzadas. Sin embargo, si ya cuentas con cierta experiencia, o si te interesan temas específicos, puedes saltar directamente a aquellas secciones que resulten más relevantes para tu situación actual. La flexibilidad es clave: cada lector puede adaptar este contenido a su propio contexto, sector y estilo de venta.

Recuerda que, al final del libro, encontrarás una sección de referencias bibliográficas que respalda los conceptos mencionados. Estas referencias, además de dar mayor solidez y rigor académico al texto, pueden ser el punto de partida para una formación continua. La venta es un campo en constante evolución, y mantenerte actualizado te permitirá aprovechar las nuevas tendencias, herramientas y enfoques que surjan en el mercado.

En definitiva, "Ventas 360°: Guía Completa para el Vendedor Moderno" es una invitación a expandir tus horizontes profesionales. Con cada página, tendrás la oportunidad de fortalecer tus habilidades, ampliar tu visión y consolidar tu marca personal. Ahora, sin más preámbulos, te invito a sumergirte en este recorrido y a descubrir cómo llevar tu desempeño en ventas a un nuevo nivel. Recuerda que el verdadero valor de este conocimiento radica en su aplicación constante, su adaptación creativa y en la perseverancia a lo largo del tiempo. Sin excepción alguna.

CAPÍTULO 1
EL ROL DEL VENDEDOR MODERNO

El rol del vendedor moderno se ha transformado de manera significativa en las últimas décadas. Atrás quedó la figura del vendedor meramente transaccional, aquel que se limitaba a recitar un guion y cerrar una venta sin mayor interés en la experiencia del cliente. En el contexto actual, el vendedor debe asumir el papel de un asesor, un consultor capaz de comprender las necesidades del comprador, anticiparse a sus inquietudes y ofrecer soluciones diseñadas a la medida.

Esta transformación se ha dado, en gran medida, por la facilidad de acceso a la información y la mayor exigencia de los consumidores. Las personas cuentan ahora con herramientas tecnológicas que les permiten investigar, comparar precios, leer reseñas y formarse sus propias conclusiones antes de entrar en contacto con un vendedor. Esto significa que, para ser competitivo, el profesional de ventas debe ir más allá de la información básica del producto o servicio: debe entender el contexto del cliente, su entorno, sus motivaciones y sus expectativas.

En este nuevo escenario, la empatía, la capacidad de escuchar activamente y la autenticidad cobran una relevancia mayor. El vendedor moderno debe ser capaz de establecer relaciones de confianza, ya no únicamente basadas en el producto que ofrece, sino también en su propia credibilidad y reputación. Además, las fronteras entre el vendedor y el comprador se han difuminado: en muchos casos, las redes sociales y las plataformas digitales permiten una interacción más cercana, constante y directa, lo que obliga al vendedor a ser coherente en todos los puntos de contacto.

El cambio de rol no es opcional. Hoy, los compradores exigen un valor añadido que justifique su elección. El vendedor consultor es quien puede generar ese valor, ofreciendo no sólo una transacción, sino una experiencia enriquecedora y significativa, con soluciones concretas a necesidades reales.

Para asumir este rol consultivo, el vendedor moderno debe contar con un conjunto robusto de habilidades que abarcan tanto aspectos técnicos como emocionales. Por un lado, siguen siendo importantes las habilidades "duras": conocer a fondo el producto, comprender sus beneficios, limitaciones, costo, mantenimiento y ciclo de vida. Asimismo, es clave manejar herramientas de gestión de clientes (CRM), analizar datos, interpretar métricas de rendimiento y conocer las tendencias del mercado. Sin un dominio adecuado de estos elementos, resulta difícil ofrecer un asesoramiento de calidad.

Sin embargo, tan o más importantes que estas habilidades técnicas son las denominadas "habilidades blandas". La capacidad de comunicación asertiva, la empatía, la capacidad de resolver conflictos, la escucha activa y la inteligencia emocional son cualidades esenciales para establecer una conexión genuina con el cliente. Estas competencias permiten al vendedor entender las emociones, preocupaciones y motivaciones del cliente, y responder de manera auténtica y relevante.

Además, el vendedor moderno debe ser un aprendiz constante. Dado que las condiciones del mercado, las preferencias de los consumidores y las herramientas tecnológicas cambian aceleradamente, es fundamental estar en continua formación. Este aprendizaje no sólo incluye cursos formales, sino también el intercambio de experiencias con colegas, la lectura de blogs especializados, la participación en foros de discusión y la asistencia a seminarios y conferencias.

En definitiva, el vendedor moderno es un profesional integral, con una combinación equilibrada de habilidades técnicas y blandas. Ya no se trata sólo de vender, sino de entender, aconsejar, guiar y acompañar al cliente en su proceso de decisión. Quien logre dominar ambas dimensiones estará mejor posicionado para aportar valor real, fidelizar a sus clientes y, en última instancia, alcanzar resultados sostenibles en el tiempo.

En un entorno tan dinámico, la adaptabilidad y la resiliencia son cualidades indispensables. La capacidad de adaptarse implica reconocer que las técnicas que funcionaron en el pasado pueden no ser efectivas hoy, y estar dispuesto a probar nuevas estrategias. Un vendedor moderno entiende que cada cliente es un mundo distinto, con expectativas, contextos y necesidades específicos, y que no hay una fórmula universal que sirva para todos.

Este profesional ajusta su enfoque según el perfil del cliente, el canal de comunicación disponible y el momento del ciclo de compra.

La resiliencia, por su parte, se hace presente cuando las cosas no salen como se espera. Las ventas pueden ser un camino lleno de obstáculos, rechazos y desaciertos. Lejos de desanimarse, el vendedor moderno utiliza estas experiencias para aprender, mejorar y refinar su approach. En lugar de ver un "no" como un fracaso, lo interpreta como una oportunidad de entender mejor las razones detrás de la negativa, de pulir su discurso, ajustar su oferta o simplemente enfocarse en un segmento de clientes más adecuado a la propuesta de valor.

Además, la mentalidad de crecimiento es un pilar fundamental. Esta mentalidad, popularizada por la psicóloga Carol Dweck (Dweck, 2006), consiste en creer que las habilidades pueden desarrollarse a través del esfuerzo, el aprendizaje continuo y la dedicación. Un vendedor con mentalidad de crecimiento no se conforma con el statu quo, busca siempre nuevas formas de mejorar y desarrolla la capacidad de enfrentar desafíos con una perspectiva positiva.

En suma, la adaptabilidad, la resiliencia y la mentalidad de crecimiento permiten que el vendedor moderno encare un mercado en constante cambio con confianza y versatilidad. Estas cualidades abren las puertas a la innovación, la mejora continua y el crecimiento profesional, sentando las bases de una carrera exitosa.

La transformación del rol del vendedor también implica un cambio en la forma en que se concibe el éxito. Tradicionalmente, el éxito en ventas se medía únicamente en función de las cifras: cuántos productos vendidos, cuánto ingreso generado. Si bien los resultados financieros siguen siendo importantes, el vendedor moderno entiende que el éxito va más allá de la cifra final. Se trata, además, de construir relaciones de largo plazo, de establecer una reputación sólida y de generar un impacto positivo en la percepción que tienen los clientes sobre la empresa, la marca y el propio vendedor.

Este enfoque integral del éxito exige un pensamiento a largo plazo. En lugar de buscar el cierre rápido, el vendedor moderno se enfoca en entender el ciclo de vida del cliente, identificar oportunidades de venta cruzada, mejorar la satisfacción del cliente y estimular recomendaciones voluntarias. Estas prácticas contribuyen a una mayor estabilidad y a un crecimiento más sostenible del negocio.

Además, el éxito moderno en ventas implica un equilibrio entre los objetivos comerciales y la ética profesional. Vender no puede implicar engañar, presionar o manipular de manera poco ética. El respeto por el cliente, la honestidad y la responsabilidad social son elementos fundamentales que fortalecen la confianza del comprador. Este aspecto, además, es cada vez más valorado por consumidores que son conscientes del impacto que tienen sus decisiones de compra en la sociedad y el medio ambiente.

De este modo, el vendedor moderno mide su éxito no sólo en función de las métricas financieras inmediatas, sino también considerando la calidad de las relaciones que construye, la reputación que cultiva y el valor integral que aporta. Este nuevo paradigma valorativo es un reflejo de la evolución cultural y comercial que vive el mercado global.

Para concluir, el rol del vendedor moderno se caracteriza por una visión integral, consultiva y orientada al valor. Las antiguas nociones de un vendedor meramente enfocado en empujar productos han dado paso a la figura de un profesional completo: alguien que entiende a profundidad sus productos, servicios y mercado, pero también el contexto humano, emocional y psicológico de sus clientes.

Este nuevo tipo de vendedor es, ante todo, un creador de relaciones. En lugar de limitarse a una transacción puntual, busca establecer vínculos de confianza que se traduzcan en una fidelidad mutua. Este enfoque construye una relación "ganar-ganar", donde el cliente obtiene soluciones a sus problemas y el vendedor, a su vez, gana un embajador de su marca que puede recomendarlo a otros.

La versatilidad es otro sello distintivo. El vendedor moderno se mueve con comodidad entre distintas plataformas, desde la interacción cara a cara hasta las videollamadas, las redes sociales y la comunicación por correo electrónico. Cada canal tiene su propio lenguaje, dinámica y ritmo, y el profesional de ventas sabe adaptarse para ofrecer una experiencia coherente, interesante y productiva.

En definitiva, el rol del vendedor moderno exige una mentalidad abierta, un aprendizaje continuo, una combinación balanceada de conocimientos técnicos y habilidades blandas, así como una orientación firme hacia el cliente y el largo plazo. En los capítulos siguientes, profundizaremos en las herramientas, estrategias y enfoques que te permitirán no sólo comprender esta transformación, sino también aprovecharla al máximo para destacar en un mercado cada vez más competitivo.

Con estas bases sólidas, estarás listo para adentrarte en el mundo de la comunicación, la psicología del cliente, las técnicas de venta y el manejo integral de los distintos canales.

¡Bienvenido a la nueva era de las ventas!

CAPÍTULO 2
FUNDAMENTOS DE LA COMUNICACIÓN EN VENTAS

La comunicación es la base sobre la cual se construye toda relación comercial exitosa. Si el capítulo anterior se centraba en el rol del vendedor moderno, este capítulo profundizará en cómo la forma de transmitir el mensaje puede marcar la diferencia entre lograr una conexión genuina con el cliente o perder su atención. En ventas, no basta con tener un buen producto o servicio: la habilidad para comunicar su valor de manera clara, precisa y atractiva es esencial.

La comunicación en ventas se compone de múltiples dimensiones. Existe el componente verbal, es decir, las palabras que escogemos para describir nuestro producto o servicio. Pero también están la entonación, el ritmo y el volumen de la voz, lo que se conoce como comunicación paraverbal. Además, el lenguaje corporal —gestos, postura, contacto visual, expresión facial— transmite mensajes a menudo más poderosos que las propias palabras. Entender cómo combinar estos elementos nos permite crear un impacto más profundo en nuestro interlocutor.

La venta no es un monólogo; es un diálogo que cobra vida con las respuestas, dudas y emociones del cliente. La comunicación efectiva implica escuchar atentamente, hacer preguntas relevantes, reformular para demostrar comprensión y responder con empatía. Al entender las necesidades del comprador, podrás ajustar tu mensaje y acercarte a su punto de vista, creando un puente que facilite el entendimiento mutuo.

Este capítulo abordará las diferentes facetas de la comunicación aplicada a las ventas, analizando técnicas y estrategias que te ayudarán a expresarte con mayor seguridad, claridad y persuasión. También profundizaremos en la importancia de la escucha activa y cómo esta habilidad puede convertir una interacción comercial cualquiera en una oportunidad valiosa para construir relaciones más sólidas y duraderas.

Empecemos por el lenguaje verbal. Las palabras que eliges son la materia prima de tu mensaje: deben ser claras, precisas y fácilmente entendibles. Evita el exceso de jerga técnica, a menos que sepas con certeza que tu cliente la domina. Prioriza la sencillez sin sacrificar la precisión. Una buena técnica es adaptar el vocabulario al nivel de conocimiento del interlocutor. Por ejemplo, si vendes un servicio digital complejo a un cliente con poco bagaje tecnológico, utiliza metáforas simples o ejemplos cotidianos para facilitar su comprensión.

La estructura de tu discurso también es fundamental. Una presentación clara y lógica facilita que el cliente siga el hilo de tu argumento. Comienza por una idea central (el problema que tu producto resuelve), desarrolla las características clave (cómo funciona, qué lo hace único) y concluye enfatizando el valor que aportará al cliente. Esta secuencia narrativa —problema, solución, beneficio— ayuda a que el mensaje sea coherente y persuasivo.

Junto a las palabras, la entonación y el ritmo del habla pueden realzar o deteriorar el impacto de tu mensaje. Un tono monótono desmotiva y aburre; uno demasiado exaltado puede generar desconfianza. Busca un punto medio: habla con seguridad y serenidad, resalta las partes más importantes con ligeros cambios de entonación y haz pausas estratégicas para que el cliente procese la información. Una comunicación paraverbal equilibrada genera empatía y credibilidad.

No olvides la importancia de la brevedad. En el mundo actual, la atención del cliente es un recurso escaso. Sé conciso y directo, evitando rodeos innecesarios. Cada palabra cuenta: un discurso claro y bien estructurado facilita que el cliente recuerde tu propuesta, comprenda su valor y decida avanzar en el proceso de compra.

Más allá de las palabras, el lenguaje corporal comunica una gran cantidad de información. Estudios como los de Mehrabian (1971) sugieren que una parte significativa del significado en la comunicación se transmite de manera no verbal. La postura, la expresión facial, la posición de las manos y el contacto visual influyen directamente en cómo el cliente percibe tu honestidad, interés y confiabilidad.

Mantener una postura erguida pero relajada transmite seguridad, mientras que una sonrisa genuina y un contacto visual intermitente, pero firme, generan cercanía. Evita cruzar los brazos o mirar constantemente tu teléfono, ya que estos gestos proyectan desinterés. Al contrario, inclinar ligeramente el cuerpo hacia adelante y asentir ocasionalmente demuestra atención y empatía hacia lo que el cliente está expresando.

En videollamadas, prestar atención al encuadre, la iluminación y la forma en que miras a la cámara es crucial para recrear una sensación de contacto visual. En canales escritos, como el correo electrónico o el chat, el lenguaje corporal se sustituye por el tono del mensaje, la estructura y la elección de palabras. Incluso el uso de iconos o emoticonos, cuando es apropiado, puede humanizar la interacción y transmitir cercanía. La clave es adaptar el estilo de comunicación al canal utilizado, buscando siempre la claridad y el respeto.

Por último, no subestimes el poder de la voz en la comunicación oral. El volumen, la velocidad del habla y la modulación influyen en la percepción de confianza. Una voz demasiado baja puede interpretarse como inseguridad, mientras que una excesivamente alta o rápida puede resultar abrumadora. Encontrar el balance apropiado implica práctica, retroalimentación y la disposición a ajustar tu estilo según el tipo de cliente y contexto.

La comunicación no es sólo emitir mensajes; el otro pilar es la escucha activa. Esto implica una atención plena a lo que el cliente dice, tanto en su forma verbal como en sus matices emocionales. Escuchar activamente va más allá de oír las palabras: significa comprender las intenciones, detectar inquietudes subyacentes y leer entre líneas para obtener una visión más completa de las necesidades del cliente.

La escucha activa también implica mostrar que entendemos. Expresiones de reconocimiento ("Entiendo lo que dices", "Es interesante tu punto de vista") o reformulaciones ("Si te he entendido bien, lo que necesitas es...") confirman que no sólo oímos, sino que procesamos el mensaje. Esta práctica crea un ambiente de diálogo, donde el cliente se siente valorado y respetado. Como consecuencia, aumenta la disposición a compartir más información, lo que a su vez nos permite afinar la propuesta.

Hacer preguntas abiertas es otra estrategia clave. En lugar de plantear preguntas que se respondan con un simple "sí" o "no", opta por interrogantes que inviten a desarrollar ideas: "¿Qué te parece más importante a la hora de elegir este servicio?" o "¿Cómo imaginas la solución ideal a este problema?". Estas preguntas te ayudarán a obtener detalles, matices e incluso motivaciones que el cliente podría no mencionar espontáneamente.

La escucha activa sienta las bases para la empatía. Al entender la perspectiva del cliente, puedes adaptar tu mensaje, sugerir soluciones personalizadas y transmitir una genuina preocupación por su situación. Este enfoque no sólo ayuda a cerrar ventas más efectivas, sino también a construir relaciones a largo plazo. Un cliente que se siente comprendido y bien atendido es más propenso a convertirse en un promotor de tu marca.

En última instancia, la comunicación en ventas se trata de conectar con otro ser humano. No basta con memorizar argumentos o ensayar un discurso: el éxito radica en la capacidad de adaptar el mensaje a cada situación, entendiendo las emociones, experiencias y expectativas del cliente. De este modo, la venta deja de ser una transacción fría y mecánica para convertirse en un intercambio enriquecedor y significativo.

Al dominar los fundamentos de la comunicación —desde el lenguaje verbal y no verbal, hasta la escucha activa y la empatía—, el vendedor moderno puede transmitir valor con claridad, generar confianza y sentar las bases para una relación sólida y duradera. Estas habilidades de comunicación no sólo aumentan las probabilidades de cerrar una venta, sino que mejoran la experiencia del cliente, elevan la reputación del vendedor y, en consecuencia, fortalecen la marca que representa.

Por supuesto, comunicar con eficacia es un arte en constante evolución. Cada nuevo cliente, canal o situación supone un desafío distinto que requiere flexibilidad, creatividad y una mente abierta al aprendizaje. La práctica deliberada, la retroalimentación honesta y la disposición a experimentar con distintos enfoques te permitirán refinar tus habilidades comunicativas a lo largo del tiempo.

En los próximos capítulos, profundizaremos en otros aspectos vitales del proceso de ventas, pero sin perder de vista la importancia de la comunicación. Al integrar los fundamentos aquí presentados con los conocimientos posteriores, estarás más preparado para navegar con soltura en un entorno comercial complejo y cambiante, siempre poniendo en el centro la relación humana que da sentido a toda interacción comercial.

CAPÍTULO 3
ENTENDIENDO A TU CLIENTE:
PSICOLOGÍA Y SEGMENTACIÓN

En el corazón de cada transacción comercial se encuentra un cliente con deseos, necesidades, temores y motivaciones. Comprender estos aspectos a profundidad permite al vendedor moderno personalizar su enfoque, ofrecer soluciones más pertinentes y establecer una conexión más genuina con su interlocutor. En este capítulo, exploraremos la psicología del cliente, las teorías que sustentan su comportamiento de compra y las herramientas disponibles para segmentar el mercado y dirigirnos a distintos grupos de consumidores de manera efectiva.

Los clientes no son entes estáticos ni homogéneos. Cada persona llega a la interacción con una historia, un contexto cultural y un conjunto de expectativas. Las emociones juegan un papel clave: un cliente puede estar motivado por la seguridad (asegurarse de no cometer un error), la comodidad (ahorrar tiempo y esfuerzo), el prestigio (mejorar su estatus social) o el ahorro (obtener el máximo valor por su dinero). Identificar qué impulsa a cada cliente permite ajustar el discurso, enfatizando los beneficios que mejor satisfagan esas motivaciones.

La psicología del consumidor también nos ayuda a entender fenómenos como el efecto ancla, en el que una primera referencia de precio o valor influye en las percepciones posteriores; la reciprocidad, que hace que el cliente sienta la necesidad de devolver un favor tras recibir un beneficio; la prueba social, en la que las opiniones de otros compradores influyen en la decisión de compra; y la escasez, donde la disponibilidad limitada aumenta la percepción de valor. Integrar estos principios, siempre con integridad y honestidad, refuerza la efectividad del proceso de venta.

En las siguientes páginas, profundizaremos en cómo aplicar estos conceptos a la práctica comercial diaria, así como en las técnicas de segmentación del mercado que permiten dirigir nuestros esfuerzos de manera más inteligente y eficiente.

La segmentación del mercado consiste en dividir a los consumidores en grupos más pequeños y homogéneos, con características y necesidades similares. Esta práctica es esencial porque permite diseñar mensajes y ofertas específicas para cada segmento, aumentando las posibilidades de éxito. Entre las variables más comunes para segmentar se encuentran los datos demográficos (edad, género, nivel socioeconómico), psicográficos (valores, estilo de vida, personalidad), geográficos (ubicación) y conductuales (patrones de compra, fidelidad a la marca).

Cuando combinamos la segmentación con el entendimiento psicológico del cliente, podemos refinar aún más nuestra estrategia. Por ejemplo, si identificamos un segmento de jóvenes profesionales urbanos motivados por la eficiencia y el estatus, sabremos que un discurso basado en el ahorro de tiempo, la innovación tecnológica y el prestigio social resonará más con ellos que un mensaje genérico. Por otro lado, para un segmento de familias tradicionales preocupadas por la seguridad y la estabilidad, será más efectivo destacar la confiabilidad, la garantía y el soporte posventa.

La clave radica en reconocer que no todos los clientes valoran lo mismo. Una oferta irresistible para un segmento puede no ser relevante para otro. La segmentación nos ayuda a hablar el idioma de cada grupo, utilizando las motivaciones y deseos que los impulsan. Además, esta práctica optimiza el uso de recursos, ya que permite enfocar el esfuerzo comercial en aquellos nichos con mayor potencial de conversión, en lugar de dispersarse en una comunicación masiva y poco efectiva.

A medida que los mercados se vuelven más competitivos y los consumidores más exigentes, la segmentación se convierte en un factor diferencial. Entender las particularidades de cada grupo de clientes es el primer paso para desarrollar propuestas que generen valor real y relaciones duraderas.

La investigación de mercado es una herramienta indispensable para comprender a los clientes, su psicología y las segmentaciones posibles. A través de encuestas, entrevistas, grupos focales, análisis de datos de compra y comportamiento en línea, podemos obtener información valiosa sobre lo que mueve a los consumidores. Hoy en día, el acceso a grandes volúmenes de información (Big Data) y la existencia de plataformas de análisis permiten segmentar con mayor precisión e incluso personalizar la oferta a nivel individual.

Por ejemplo, gracias a las herramientas digitales, es posible rastrear el comportamiento de un visitante en un sitio web: qué productos ve, cuánto tiempo permanece en ciertas páginas, si añade algo al carrito pero no concluye la compra. Estos datos permiten identificar patrones de interés, barreras para la compra y oportunidades de mejorar la propuesta. Los datos cuantitativos se combinan con información cualitativa —como las impresiones y sensaciones del cliente expresadas en comentarios o encuestas— para formar una visión integral.

Es fundamental, sin embargo, tratar la información del cliente con responsabilidad y respeto a su privacidad. El objetivo es mejorar la experiencia de compra y ofrecer un mayor valor, no invadir la intimidad del consumidor o manipularlo de forma poco ética. La confianza es un activo valioso en la relación comercial; respetarla y fortalecerla es clave para la sostenibilidad del negocio.

Entender y segmentar el mercado no es un proceso estático, sino dinámico. Las preferencias del cliente cambian con el tiempo, influenciadas por factores económicos, sociales, tecnológicos y culturales. Por ello, la investigación de mercado debe ser continua, permitiéndonos ajustar las estrategias de segmentación y adaptación del mensaje a las nuevas realidades.

Para aplicar con eficacia la psicología del cliente, es esencial comprender que las decisiones de compra no siempre son racionales. Aunque el cliente justifique sus elecciones con argumentos lógicos, en muchas ocasiones estas responden a impulsos emocionales, atajos mentales (heurísticas) o sesgos cognitivos. Por ello, el vendedor moderno debe ser capaz de conectar con las emociones que rodean la decisión de compra, ya sea la alegría de estrenar un producto nuevo, la tranquilidad de asegurarse un buen servicio o el orgullo de acceder a un artículo exclusivo.

La coherencia entre el mensaje y las expectativas del cliente es vital. Si prometemos una experiencia de lujo, pero el producto o servicio final no está a la altura, el cliente se sentirá defraudado. Por el contrario, si conocemos lo que realmente valora el cliente —por ejemplo, soporte técnico rápido, facilidad de uso o materiales sostenibles— y lo comunicamos correctamente, se generará una satisfacción que va más allá de la mera transacción.

La empatía es un poderoso aliado en este proceso. Colocarnos en el lugar del cliente, imaginar cómo se siente, qué dudas tiene, qué lo entusiasma o preocupa, nos permite adaptar nuestro discurso. Un vendedor empático no sólo está atento a las palabras del cliente, sino también a su lenguaje corporal, su tono de voz y las pausas que hace al hablar. Estas señales, sutiles pero reveladoras, permiten inferir las motivaciones subyacentes que guían la decisión de compra.

En resumen, entender la psicología del cliente implica reconocer que cada comprador es un mundo único de percepciones, emociones y valores. Aprovechar este conocimiento con honestidad y respeto es la base para construir una relación comercial sólida y mutuamente beneficiosa.

Otro aspecto fundamental en la comprensión del cliente es el contexto social y cultural en el que se desenvuelve. Las tendencias culturales, los valores compartidos y las normas sociales influyen en las preferencias de consumo. Por ejemplo, en algunas sociedades, la calidad y la durabilidad pueden ser más importantes que el precio, mientras que en otras, el bajo costo y la moda a corto plazo prevalecen. Además, el rol de las redes sociales y la opinión de líderes de opinión, influencers o expertos puede ser decisivo en la formación de la percepción del cliente.

La globalización ha ampliado la diversidad cultural a la que están expuestos los consumidores, generando la necesidad de adaptar el mensaje y la oferta a distintas realidades. Un vendedor que comprende estas diferencias culturales puede evitar malentendidos, conectar mejor con el cliente y brindar una experiencia más personalizada. Por ejemplo, el humor, los colores, las imágenes o ciertas expresiones pueden tener connotaciones distintas según el público al que te dirijas.

Para navegar con éxito este panorama, no basta con la intuición. La observación, el estudio constante y la capacidad de aprender de cada interacción son fundamentales. Un vendedor flexible, curioso y respetuoso con las diferencias culturales puede diferenciarse al presentar su oferta de manera que resuene con los valores del cliente. Esta sensibilidad cultural no sólo enriquece la relación comercial, sino que también construye puentes de confianza entre distintas comunidades y mercados.

Dominar estos matices culturales amplía el horizonte del vendedor, permitiéndole adaptarse a mercados internacionales o a nichos culturales específicos dentro de su propio país. A medida que el mundo se hace más pequeño, entender y respetar las diferencias se convierte en una ventaja competitiva insustituible.

La psicología del cliente no puede entenderse plenamente sin considerar la influencia del entorno digital. Internet y las plataformas en línea han transformado el proceso de compra, otorgando al consumidor un mayor poder de comparación, intercambio de información y retroalimentación instantánea. Un cliente informado es más exigente, pero también más receptivo a las propuestas de valor auténticas.

La digitalización ha permitido la microsegmentación: ahora es posible dirigir anuncios y ofertas a grupos de consumidores con preferencias muy específicas, optimizando la comunicación y reduciendo el desperdicio de recursos. Las redes sociales, foros, blogs y sitios de reseñas proporcionan a los vendedores una ventana a la mente del consumidor. Allí pueden identificar tendencias, monitorear la satisfacción del cliente y responder oportunamente a comentarios o quejas.

Sin embargo, este entorno digital también exige transparencia. La información viaja rápido, y si un vendedor o empresa no cumple con sus promesas, la noticia se esparcirá con la misma velocidad. Por ello, la honestidad, la coherencia y la calidad del servicio resultan fundamentales para ganarse la confianza del público. Un vendedor que comprenda la psicología del cliente en el entorno digital tendrá mayores probabilidades de establecer relaciones duraderas, ya que podrá anticipar necesidades, responder con agilidad y adaptar su mensaje a los canales preferidos por su audiencia.

La clave está en ver la digitalización no como una amenaza, sino como una oportunidad de profundizar en el conocimiento del cliente. Al aprovechar la información disponible, es posible diseñar estrategias más personalizadas y efectivas, transformando las interacciones en relaciones más sólidas y cercanas.

La combinación de psicología y segmentación abre un abanico de posibilidades para el vendedor. Por ejemplo, el método SPIN (Situation, Problem, Implication, Need-Payoff), que analizaremos más adelante, se basa en entender las necesidades y motivaciones del cliente a través de preguntas estructuradas. Conocer qué impulsa a un determinado segmento —ya sea la búsqueda de estatus, la necesidad de seguridad o el deseo de simplificar su vida— permite formular preguntas más pertinentes y ofrecer soluciones a la medida.

Igualmente, la teoría del "Buyer Persona" en marketing es un enfoque que ayuda a poner rostro a grupos de clientes ideales. Al crear perfiles ficticios pero detallados de clientes tipo, el vendedor puede visualizar mejor a quién se dirige, qué le preocupa, qué medios consume y cómo toma sus decisiones. Estos arquetipos facilitan el diseño de mensajes y estrategias que realmente conecten, en lugar de disparar propuestas genéricas y poco relevantes.

La clave está en la adaptabilidad. No todos los clientes responden de la misma forma a los mismos estímulos. Un segmento puede valorar más la opinión de expertos, mientras que otro prefiere testimonios de otros usuarios. Algunos clientes desean información detallada y técnica, mientras que otros se orientan más por la apariencia o el prestigio de la marca. Comprender estas diferencias permite multiplicar las posibilidades de cerrar una venta al ajustar el enfoque a cada contexto.

La psicología y la segmentación, combinadas, proporcionan un mapa para navegar en un territorio diverso y cambiante. Con esta guía, el vendedor puede dirigirse con mayor certeza hacia los resultados que busca, reduciendo las conjeturas y maximizando las oportunidades de éxito en cada interacción comercial.

En conclusión, entender al cliente a través de la psicología y la segmentación es un pilar fundamental del vendedor moderno. Esta comprensión va más allá de ver a los clientes como estadísticas o compradores anónimos; significa reconocer su humanidad, sus emociones, sus valores y su contexto social. Al adaptar el mensaje y la oferta a estas realidades, se crea una relación más cercana, honesta y provechosa para ambas partes.

La segmentación nos brinda el "dónde" y "quién" del mercado, mientras que la psicología del cliente nos ofrece el "por qué" y "cómo" de sus decisiones. Juntas, estas herramientas permiten al vendedor diseñar estrategias más eficaces, mensajes más relevantes y experiencias de compra más satisfactorias. A la larga, esto no sólo se traduce en más ventas, sino también en una reputación sólida y en clientes que regresan y recomiendan.

A lo largo de los próximos capítulos, continuaremos construyendo sobre estos cimientos, explorando técnicas de venta, negociación, canales de comunicación y otros elementos que, sumados al conocimiento profundo del cliente, hacen que el proceso de venta sea una actividad enriquecedora, significativa y de gran valor tanto para el vendedor como para el comprador.

CAPÍTULO 4
TÉCNICAS Y ESTRATEGIAS DE VENTA

Las técnicas y estrategias de venta han evolucionado con el tiempo, pasando de enfoques rígidos y repetitivos a metodologías más flexibles, centradas en el cliente y en su experiencia. Hoy en día, el vendedor moderno cuenta con un abanico de herramientas que, bien aplicadas, pueden marcar la diferencia entre un simple intercambio comercial y la creación de un vínculo valioso.

Aquí no se trata de memorizar fórmulas mágicas, sino de entender el contexto, el tipo de cliente y los canales disponibles, para luego elegir la técnica más adecuada. Por ejemplo, no es lo mismo vender un servicio consultivo a una gran empresa que un producto masivo a un cliente individual. Cada caso pide su propio enfoque.

A lo largo de este capítulo, exploraremos algunas de las metodologías de venta más reconocidas y aplicadas en distintos sectores. Desde modelos clásicos como SPIN hasta enfoques más recientes como The Challenger Sale, pasando por la venta consultiva, el storytelling persuasivo y las técnicas de negociación, el objetivo es brindarte un repertorio amplio que puedas adaptar a tu estilo y las circunstancias de cada interacción.

Lo importante es mantener el foco en el valor que ofreces y la manera en que tu producto o servicio resuelve un problema real. Una técnica bien aplicada no sólo acelera el proceso de venta, también genera mayor satisfacción en el cliente, una relación más sólida y mayores posibilidades de fidelización a largo plazo. Es esta coherencia entre técnica, valor y relación la que al final del día construye la reputación del vendedor y sienta las bases para un éxito sostenible en el tiempo.

Una de las metodologías más conocidas y aplicadas en ventas es el método SPIN, acrónimo que surge de cuatro tipos de preguntas: Situación, Problema, Implicación y Necesidad de solución (Need-Payoff). Esta técnica, desarrollada por Neil Rackham, parte de la premisa de que para vender con eficacia no basta con describir el producto; es fundamental descubrir las necesidades reales del cliente a través de preguntas inteligentes.

Primero, las preguntas de Situación ayudan a obtener información general, entendiendo el contexto del cliente, su entorno y sus procesos. Luego, las de Problema buscan identificar los inconvenientes o dificultades que enfrenta. Más adelante, las preguntas de Implicación profundizan en las consecuencias de esos problemas, haciendo que el cliente se dé cuenta de que, si no actúa, podrían empeorar las cosas. Finalmente, las preguntas de Necesidad de solución llevan a que el cliente reconozca el valor que tendría resolver el problema, abriendo la puerta a la oferta que presentará el vendedor.

El mérito de SPIN es que promueve una venta consultiva. En lugar de bombardear al cliente con características del producto, se le invita a reflexionar y a participar activamente en el proceso, haciendo más probable que reconozca por sí mismo la necesidad de la solución que se le ofrece. Al terminar de aplicar SPIN, el cliente suele sentirse comprendido, escuchado y más abierto a considerar la propuesta, lo cual facilita la negociación y el cierre.

La venta consultiva, a su vez, se parece a SPIN en cuanto a la prioridad que da a entender al cliente. En la venta consultiva, el vendedor asume el rol de un asesor experto, alguien que no sólo conoce su oferta, sino también la industria, las tendencias del mercado y las soluciones disponibles. Así, más que un "vendedor" tradicional, el cliente percibe a un aliado que le ayuda a tomar una decisión informada.

Este enfoque implica una escucha atenta, la capacidad de hacer preguntas relevantes y la disposición a sugerir soluciones adaptadas a cada caso. Puede incluso darse la situación de que el vendedor recomiende no comprar su producto si no es la mejor opción para el cliente. Este acto de honestidad, lejos de ser contraproducente, construye credibilidad y confianza a largo plazo.

La venta consultiva también exige paciencia. No se trata de cerrar rápido, sino de fomentar una relación que permita entender el problema del cliente en profundidad. Una vez que el cliente se siente comprendido, valora el conocimiento experto del vendedor y aprecia su disposición a ayudar, la venta fluye de forma más natural. Además, la satisfacción que queda tras la compra es mayor, traduciéndose en relaciones más duraderas, recomendaciones y potenciales ventas futuras.

Este enfoque es especialmente útil en contextos complejos, donde la decisión de compra implica riesgos importantes o requiere el análisis de múltiples variables. En estos escenarios, convertirse en un consultor de confianza genera una ventaja competitiva clara.
Otro enfoque destacado es el "The Challenger Sale", descrito por Matthew Dixon y Brent Adamson. Esta metodología parte de la idea de que los mejores vendedores no se limitan a responder a las necesidades del cliente, sino que lo desafían con nuevas perspectivas, ayudándole a reconsiderar su situación y a descubrir problemas que quizá no había identificado.

El vendedor Challenger conoce a fondo el negocio de su cliente, las tendencias de la industria y las posibles amenazas u oportunidades que este podría estar pasando por alto. En lugar de preguntar por lo obvio, plantea escenarios diferentes, ofrece insights valiosos y desafía las suposiciones del cliente, invitándolo a pensar fuera de la caja. De esta manera, el cliente aprecia el conocimiento del vendedor y lo ve como alguien que aporta valor real, más allá de la oferta inmediata.

Este enfoque es especialmente útil en ventas complejas, dirigidas a clientes experimentados que ya han escuchado de todo. Al aportar una visión original y fundamentada, el vendedor capta la atención y posiciona su solución como algo más que una simple transacción. No se trata de ser agresivo o arrogante, sino de ser un verdadero experto que ayuda al cliente a encontrar caminos más eficientes, rentables o innovadores para resolver sus problemas.

La clave del Challenger Sale está en la preparación, el conocimiento profundo y la capacidad de conversar de igual a igual con el cliente, mostrándole que hay un terreno inexplorado donde la solución que ofreces encaja perfectamente.

El poder del storytelling en ventas no puede subestimarse. Contar historias significativas y memorables es una estrategia que conecta con las emociones, y las emociones influyen fuertemente en la toma de decisiones. Una buena historia no se limita a enumerar datos: presenta un escenario, un conflicto y una resolución. Al oírla, el cliente puede verse reflejado, reconocer su propia situación y entender con mayor claridad el valor de la solución propuesta.

El storytelling es efectivo porque humaniza la venta. Un caso de éxito bien narrado, en el que otro cliente enfrentaba una situación similar y encontró la solución perfecta en el producto que ofreces, vale más que mil especificaciones técnicas. Las historias generan empatía, despiertan la imaginación y hacen que el mensaje sea más fácil de recordar.

Además, contar historias no significa que debas volverte un novelista. Pequeños relatos, anécdotas personales o ejemplos concretos de cómo tu propuesta ha cambiado la vida de otras personas son suficientes para crear una conexión. Lo importante es que la historia sea relevante, creíble y coherente con la realidad del cliente.

Al integrar el storytelling con técnicas consultivas o con metodologías como SPIN o Challenger, se potencia el impacto del mensaje. La información técnica encuentra su contraparte emotiva y el cliente, al conectar la lógica con la emoción, se siente más seguro y motivado para avanzar en el proceso de compra.

La negociación es otro terreno donde las técnicas de venta cobran vida. Una vez que has captado el interés del cliente y has demostrado el valor de tu propuesta, llega el momento de llegar a un acuerdo. Este proceso puede ser delicado, ya que involucra intereses, percepciones de valor y, a veces, presiones de tiempo.

Una estrategia efectiva es adoptar una mentalidad "ganar-ganar". En lugar de buscar vencer al cliente, se trata de encontrar un punto intermedio donde ambas partes sientan que obtienen un beneficio real. Esto no significa ceder siempre: un negociador hábil sabe cuáles son sus límites, conoce los costos de cada concesión y puede argumentar con claridad por qué su propuesta vale lo que pide.

Otro recurso es preparar escenarios alternativos antes de la reunión de negociación. Tener planes B y C aumenta la confianza, ya que no dependes exclusivamente de un resultado. Además, escuchar con atención las objeciones y preocupaciones del cliente te permite ofrecer concesiones inteligentes, como plazos de pago más flexibles, un servicio adicional o capacitación gratuita. Estos pequeños ajustes pueden marcar la diferencia sin comprometer el margen de ganancia.

Finalmente, es importante mantener la calma y la cortesía. Una actitud serena y respetuosa evita tensiones innecesarias y facilita que las conversaciones fluyan sin asperezas. Cuando la negociación se aborda desde la empatía y el entendimiento mutuo, las probabilidades de cerrar un trato satisfactorio aumentan significativamente.

La calidad de las preguntas que haces a lo largo del proceso de venta es un factor determinante. Ya lo vimos con SPIN, pero vale la pena enfatizarlo: las preguntas no sólo sirven para recopilar información, también pueden guiar la conversación, despertar inquietudes y dirigir la atención del cliente hacia ciertas ventajas de tu oferta.

Las preguntas abiertas ("¿Qué opinas de...?", "¿Cómo te sentirías si pudieras...?") invitan a reflexionar y generan respuestas más elaboradas, que te darán una mejor comprensión del cliente. Por otro lado, las preguntas cerradas ("¿Te interesa este modelo?", "¿Prefieres este horario?") pueden ser útiles para avanzar hacia decisiones concretas. Saber cuándo usar cada tipo es un arte que se perfecciona con la práctica.

Además de las preguntas, técnicas sencillas como el "espejo" (repetir en forma de pregunta una parte de lo que dijo el cliente) pueden mantener la conversación enfocada y mostrar que estás poniendo atención. Por ejemplo, si el cliente dice: "Me preocupa el tiempo de entrega", puedes responder: "¿Te preocupa el tiempo de entrega?" Esto lo anima a profundizar.

Al final, hacer las preguntas adecuadas en el momento oportuno convierte la venta en un diálogo dinámico, no en un monólogo. Este intercambio genuino de información refuerza la sensación de que el vendedor está realmente interesado en ayudar, y no simplemente en vender algo.

La tecnología se ha convertido en una aliada clave para implementar con eficacia muchas de estas estrategias. Herramientas de gestión de relaciones con el cliente (CRM) permiten registrar interacciones, hacer seguimiento de leads, identificar patrones y, en definitiva, personalizar la comunicación. Así, en lugar de enviar el mismo mensaje a todos, puedes adaptar el discurso según el historial o las preferencias detectadas.

La automatización del marketing y las integraciones con redes sociales, chatbots o análisis de datos permiten segmentar la audiencia, programar recordatorios, disparar mensajes oportunos y ofrecer contenido relevante en el momento adecuado. Esto libera tiempo para que te concentres en las conversaciones más complejas y personalizadas, dejando que la tecnología se encargue de las tareas más rutinarias.

Sin embargo, no hay que perder de vista el factor humano. La tecnología ayuda, pero no sustituye la empatía, la creatividad y la intuición del vendedor. Utilízala como un apoyo para conocer mejor a tus clientes, para saber cuándo es el mejor momento de llamarlos, o qué tipo de contenido les interesa, pero recuerda que la conexión humana sigue siendo el pilar de la confianza.

La integración inteligente entre técnica, tecnología y tacto humano es lo que permite al vendedor moderno optimizar sus esfuerzos, mejorar sus resultados y, a la vez, ofrecer una experiencia más completa y satisfactoria al cliente.

La gestión del embudo de ventas (sales funnel) es fundamental para aplicar estas técnicas de manera ordenada. Desde la generación de leads hasta el cierre, cada fase del proceso requiere estrategias diferentes. En la etapa inicial, cuando el cliente apenas descubre tu producto, es necesario atraer su atención con mensajes claros, información útil y una propuesta de valor única.

A medida que el cliente avanza en el embudo, las técnicas consultivas, las preguntas de SPIN o el Challenger Sale pueden ayudar a identificar sus necesidades más profundas. En este punto, el storytelling puede fortalecer la conexión emocional, mientras la segmentación asegura que estás hablando el idioma correcto.

En fases más avanzadas, cuando el cliente ya conoce tu propuesta, la negociación y el manejo inteligente de objeciones entran en juego. Es el momento de demostrar flexibilidad, de argumentar con datos claros y de usar la empatía para resolver cualquier duda. Con la ayuda de un CRM, puedes saber qué temas le interesan más, cuánto tiempo lleva considerando la compra y qué factores podrían inclinar la balanza a tu favor.

Organizar el proceso en etapas te permite aplicar las técnicas apropiadas en el momento adecuado, evitando improvisaciones que puedan confundir al cliente. Así, el embudo de ventas no es sólo un modelo teórico, sino una guía práctica para dirigir la interacción hacia el cierre más eficiente y satisfactorio.

En ventas complejas, a menudo te enfrentarás a múltiples interlocutores dentro de una misma organización. No todos valoran lo mismo: el gerente de finanzas quiere controlar costos, mientras el responsable de operaciones busca eficiencia y el director de marketing desea visibilidad. En estos casos, ajustar el mensaje a cada miembro del equipo es crucial.

La clave está en identificar a los decisores, influenciadores y usuarios. Al entender sus prioridades, puedes aplicar las técnicas adecuadas para cada uno. Por ejemplo, con un directivo clave, el enfoque Challenger

Sale puede ser muy útil, mostrando una perspectiva que mejore su visión estratégica. Con un usuario final, el storytelling que muestre cómo la solución facilita su trabajo diario puede resultar más persuasivo.

Además, establecer una comunicación transparente y ordenada, proporcionar información técnica cuando se solicite, y ofrecer pruebas o demos personalizadas puede facilitar la aprobación interna. En estas ventas, la paciencia y la perseverancia son esenciales, así como la capacidad de adaptarse a las dinámicas políticas y culturales de la organización.

La recompensa es que, una vez superadas las barreras internas, la relación suele ser más firme y duradera. Convertirse en un aliado confiable dentro de un equipo complejo abre las puertas a ventas futuras, recomendaciones y un estatus sólido dentro del mercado objetivo.

Las objeciones, en particular las relacionadas con el precio, son parte natural del proceso de venta. En lugar de verlas como un obstáculo insalvable, considéralas una señal de que el cliente necesita mayor claridad sobre el valor que ofreces. A veces el precio no es demasiado alto, sino que el cliente aún no comprende por qué tu solución vale esa inversión.

Para abordar estas situaciones, es útil destacar el retorno de la inversión (ROI), los ahorros a largo plazo, la mejora en eficiencia o cualquier otro beneficio cuantificable.

Presentar casos prácticos, datos concretos y escenarios comparativos ayuda a que el cliente vea el panorama completo, más allá del precio inicial. También es legítimo explorar opciones de financiamiento, promociones puntuales o bonificaciones que den un plus a la oferta.

La empatía sigue siendo tu mejor herramienta. Entender por qué el cliente ve caro el producto puede revelar preocupaciones no expresadas, como temor a la incertidumbre o falta de información. Al escuchar con atención y responder con argumentos sólidos, se puede reencaminar la conversación hacia el valor real, quitando protagonismo al costo superficial.
Recuerda que las objeciones son una oportunidad de aprendizaje: cada vez que superas una, mejoras tu habilidad para anticiparte a la siguiente y perfeccionar tu propuesta de valor.

En definitiva, las técnicas y estrategias de venta son herramientas que, combinadas con tu experiencia, criterio y empatía, te permiten ofrecer un valor diferenciador. No existe una fórmula universal ni un método infalible. La clave está en conocer varias técnicas, adaptarlas a cada contexto y cliente, y mantener siempre presente que lo que ofreces debe solucionar un problema auténtico.

La práctica hace al maestro. Con el tiempo, irás desarrollando tu propio estilo y sabrás cuándo ser consultivo, cuándo desafiar al cliente con una nueva perspectiva, cuándo recurrir a un relato inspirador o cuándo es mejor escuchar en silencio y dejar que el cliente se exprese. Esta flexibilidad es lo que convierte a un vendedor cualquiera en un verdadero profesional.

A medida que avances en tu carrera, podrás refinar tus habilidades, aprender de cada interacción y actualizar tus conocimientos con nuevas técnicas o tecnologías. Recuerda que el mundo de las ventas está en constante evolución: lo que funciona hoy puede ser distinto mañana. Mantenerte informado, abierto al cambio y en sintonía con el cliente es la mejor estrategia a largo plazo.

Con esta caja de herramientas a tu disposición, estás mejor preparado para enfrentar una variedad de situaciones y escenarios, impulsando tu carrera de ventas hacia un futuro lleno de oportunidades y crecimiento.

CAPÍTULO 5
MARKETING PERSONAL Y CONSTRUCCIÓN DE MARCA

En un mercado altamente competitivo, ya no basta con tener buenas habilidades de venta. El vendedor moderno necesita diferenciarse, ser reconocido y recordado. Aquí es donde el marketing personal y la construcción de una marca propia entran en juego. Al igual que las grandes empresas trabajan en el posicionamiento de sus marcas, los profesionales de ventas pueden crear una imagen clara y coherente de sí mismos, que les ayude a destacar y a generar confianza.

El marketing personal no se trata de artificios vacíos, sino de comunicar tus valores, competencias, logros y estilo profesional de manera estratégica. Es, en esencia, el puente que conecta lo que eres como profesional con la percepción que tienen los demás de ti. Una marca personal sólida incrementa tu credibilidad y te posiciona como alguien en quien se puede confiar. Esto es clave para las ventas, ya que los clientes suelen preferir tratar con personas que proyecten seriedad, conocimiento y compromiso.

La construcción de tu marca personal comienza con un ejercicio de introspección: ¿Qué te hace diferente? ¿Qué valores defiendes? ¿Qué tipo de experiencia quieres ofrecer a tus clientes? Una vez que tengas claridad, podrás transmitir ese mensaje mediante diversos canales: redes sociales, blogs, conferencias, talleres o incluso el boca a boca. La coherencia entre lo que dices y lo que haces es fundamental. No se trata de crear un personaje ficticio, sino de resaltar la mejor versión de tu yo profesional.

Al igual que un producto requiere una propuesta de valor clara, tu marca personal debe reflejar por qué un cliente debería elegirte a ti y no a otra persona. Cuando tu reputación se asocia con calidad y confiabilidad, atraerás más oportunidades con menor esfuerzo.

Para construir una marca personal efectiva, es útil comenzar por definir tu propuesta de valor única. Esto implica identificar la combinación especial de habilidades, conocimientos, logros y cualidades que aportas. Quizá domines una técnica de venta especializada, o tengas un conocimiento profundo de cierto mercado vertical. O tal vez, tu fuerza radique en la empatía y la capacidad de entender las necesidades más sutiles del cliente. Sea lo que sea, enfócate en lo que te diferencia.

Una vez que lo sepas, es momento de comunicarlo. Internet ofrece infinidad de plataformas para difundir tu mensaje. LinkedIn, por ejemplo, es un espacio ideal para compartir artículos, análisis de tendencias, casos de éxito y opiniones fundamentadas sobre tu sector. Mantener tu perfil actualizado, con una foto profesional, un titular claro y una descripción que resuma tu propuesta de valor, es un primer paso esencial.

También puedes usar otras redes sociales, siempre que mantengas la coherencia con tu marca. Si trabajas en un rubro creativo, Instagram o Pinterest podrían ser útiles. Si te especializas en ventas B2B, Twitter podría ayudarte a estar al día y a dialogar con líderes de opinión. La clave es ser constante, genuino y aportar contenido de calidad. No se trata sólo de autopromoción, sino de ofrecer información útil, consejos prácticos y análisis interesantes que beneficien a quienes te leen.

Con el tiempo, tu nombre empezará a asociarse con conocimientos, valores y soluciones específicas. Esa asociación mental es la esencia de una marca personal sólida y duradera.
La coherencia es el pilar fundamental en la construcción de tu marca personal. De nada sirve presentarte en redes sociales como un profesional serio y experto si, en el trato directo con los clientes, no cumples con las expectativas. Tu comportamiento, tus respuestas por correo electrónico, la manera en que tratas a tus colegas, todo comunica algo.

Por eso, el marketing personal no es una máscara: es una alineación entre lo que proyectas y lo que eres. Esto implica ser honesto sobre tus fortalezas y limitaciones. Si prometes más de lo que puedes cumplir, tu reputación sufrirá. Si adoptas un tono excesivamente formal en público, pero en reuniones presenciales actúas de forma contradictoria, generarás desconfianza. La autenticidad, en cambio, crea una base sólida sobre la cual construir relaciones a largo plazo.

Otra clave es la consistencia en la calidad de tu trabajo. Cumplir con las fechas, responder mensajes con rapidez y precisión, brindar asesorías sólidas y ofrecer una experiencia positiva, son aspectos que alimentan tu marca personal día a día. Cada interacción es una oportunidad de refuerzo o deterioro de esa percepción.

Con el tiempo, si mantienes la coherencia, los clientes y colegas sabrán exactamente qué esperar de ti. Esta previsibilidad es sumamente valiosa, pues reduce la incertidumbre y facilita las decisiones. La marca personal es, en última instancia, confianza construida a través de la suma de múltiples interacciones honestas y valiosas.

La marca personal no se limita al entorno digital. Los eventos presenciales, conferencias, ferias comerciales y talleres son grandes oportunidades para dar a conocer quién eres y en qué destacas. Preparar una breve presentación sobre tu experiencia, saludar con cortesía, mostrar interés genuino en los demás y escuchar atentamente pueden marcar la diferencia en el recuerdo que dejas en quienes te conocen.

Además, colaborar con otros profesionales o empresas puede fortalecer tu marca. Participar como ponente en un seminario, escribir un artículo para una revista especializada, co-crear un webinar con un colega o incluso guiar a mentores más jóvenes son prácticas que comunican generosidad, conocimiento y capacidad de trabajo en equipo. Cada contribución te posiciona como una figura relevante en tu campo.

No olvides que tu marca personal evoluciona. A medida que adquieres nuevas habilidades, asumes proyectos más complejos o te especializas en un área distinta, es natural que necesites actualizar la forma en que te presentas. El crecimiento profesional implica ajustes en tu mensaje, pero manteniendo siempre la coherencia con tus valores fundamentales.

El objetivo es que, cuando alguien piense en tu nombre, venga a su mente una idea clara y positiva de quién eres como profesional. Esa identificación es la esencia de la marca personal bien construida, una que no sólo te ayuda a vender más, sino que también te otorga mayor satisfacción y seguridad en tu propia carrera.

Por último, recuerda que la marca personal es una inversión a largo plazo. Los resultados no llegan de la noche a la mañana. Requiere paciencia, constancia y la capacidad de aprender de las experiencias. Con el tiempo, tu esfuerzo se verá reflejado en una mayor facilidad para entablar relaciones comerciales, en la confianza que depositan en ti tus clientes y en la calidad de las oportunidades que se presenten.

Piensa en la marca personal como en un jardín: requiere atención, cuidado y tiempo. Cada interacción positiva es como añadir un nutriente al suelo. Cada contenido útil que compartes es como regar una planta. Cada vez que cumples una promesa o ofreces una experiencia valiosa, tu jardín florece un poco más.

Al llegar a este punto, tu reputación hará gran parte del trabajo por ti. Cuando alguien escuche tu nombre, recordará una experiencia positiva o un consejo valioso. Esa buena percepción es difícil de copiar por tus competidores, porque se basa en vivencias auténticas y relaciones cultivadas con sinceridad.

En resumen, el marketing personal y la construcción de marca son una extensión natural de las habilidades de venta del profesional moderno. No se trata sólo de cerrar tratos, sino de generar un impacto duradero en la mente y el corazón del cliente, convirtiéndote en un referente confiable y admirado. Esa, en definitiva, es la mejor publicidad que podrás tener.

CAPÍTULO 6
CANALES DE VENTA: PRESENCIAL, TELEFÓNICO, ONLINE

En la actualidad, las ventas pueden llevarse a cabo a través de múltiples canales, cada uno con sus propias dinámicas, ventajas y desafíos. El vendedor moderno debe ser capaz de desenvolverse con soltura tanto en una reunión cara a cara, como en una llamada telefónica o en una videoconferencia. Además, la presencia online, ya sea a través de chats, redes sociales o plataformas de comercio electrónico, se ha convertido en un componente clave del proceso de venta.

La elección del canal adecuado depende del tipo de producto o servicio, el perfil del cliente, las preferencias personales y el contexto de la interacción. Algunos clientes valoran el contacto humano y la posibilidad de ver el producto en persona, mientras que otros prefieren la comodidad y rapidez de la comunicación virtual.

Este capítulo explorará las particularidades de cada canal: la venta presencial, la telefónica y la online. Entender las diferencias entre ellos te permitirá adaptar tu enfoque y mensaje, maximizando tus posibilidades de éxito. Veremos qué elementos debes cuidar en cada caso: cómo generar confianza en persona, cómo manejar el tono de voz y el ritmo en las llamadas telefónicas, y cómo transmitir cercanía y profesionalismo en el entorno digital.

La clave está en ser flexible y dominar varios medios. De esta manera, podrás acercarte a tus clientes de la forma que les resulte más cómoda, generando una experiencia positiva que fortalezca la relación comercial, sin importar la distancia o el formato de la interacción.

La venta presencial es la más tradicional y, para muchos, la más natural. Estar cara a cara con el cliente permite leer su lenguaje corporal, su expresión facial y su reacción inmediata ante el producto o mensaje. Esta cercanía facilita la construcción de confianza, ya que el cliente puede ver tu actitud, tu interés genuino y la calidad del producto en tiempo real.

Sin embargo, la venta presencial también exige una excelente preparación. Antes de la reunión, es importante investigar al cliente, anticipar sus necesidades y llevar el material de apoyo necesario (folletos, catálogos, muestras). Una presentación ordenada y clara, acompañada de ejemplos concretos, genera credibilidad.

Además, la empatía cobra una relevancia especial. Ajustar el ritmo del encuentro según las reacciones del cliente, hacer pausas para resolver sus dudas y mostrar una actitud abierta son claves para crear un ambiente cómodo y productivo. Las técnicas de venta consultiva, el storytelling y la escucha activa se aprovechan al máximo en el canal presencial, ya que la interacción humana es más rica y compleja.

Otra ventaja es la posibilidad de cerrar la venta en el momento, aprovechando la emoción del encuentro. No obstante, la desventaja es la limitación geográfica: las reuniones presenciales suelen requerir tiempo de desplazamiento y no siempre son escalables. Por ello, combinarlas con otros canales puede resultar una estrategia equilibrada.

La venta telefónica ofrece inmediatez y alcance. Puedes contactar a clientes potenciales en distintos lugares sin necesidad de desplazarte, ahorrando tiempo y recursos. Sin embargo, la ausencia del lenguaje corporal limita la capacidad de interpretar señales no verbales, por lo que el tono de voz, la claridad y la empatía auditiva se vuelven cruciales.

En el teléfono, la voz es tu principal herramienta. Un tono cálido, seguro y amable genera confianza. Hablar a un ritmo equilibrado, sin parecer apresurado ni excesivamente lento, es fundamental. Además, como el cliente no puede verte, es importante describir con precisión las características del producto, resaltar beneficios concretos y resolver las dudas con firmeza y sencillez.

La preparación también cuenta. Antes de hacer una llamada, ten claro el propósito de la comunicación y el mensaje principal que quieres transmitir. Define un guion flexible que te ayude a mantener el rumbo, pero sin sonar mecánico. Asegúrate de escuchar con atención las respuestas del cliente y hacer preguntas abiertas para entender sus necesidades.

La telefónica puede ser ideal para el seguimiento, para resolver objeciones o coordinar encuentros presenciales. Sin embargo, debes tener cuidado con la duración de las llamadas. Mantén un enfoque claro, respeta el tiempo del cliente y aprende a detectar señales de cansancio o impaciencia. El equilibrio entre eficacia y calidez es la clave en este canal.

El canal online ha ganado protagonismo a un ritmo vertiginoso. Videollamadas, chats en vivo, correos electrónicos, redes sociales, foros y plataformas de comercio electrónico son parte del escenario actual. Este ámbito digital ofrece flexibilidad, escalabilidad y la posibilidad de llegar a audiencias muy amplias. Además, facilita el acceso a herramientas que analizan el comportamiento del cliente en tiempo real, permitiendo ajustar estrategias sobre la marcha.

En la venta online, la capacidad de adaptarse es fundamental. Por un lado, las videollamadas permiten cierta cercanía visual. Mostrar una actitud profesional, cuidar el entorno (iluminación, fondo ordenado), mantener contacto visual a través de la cámara y usar un tono de voz claro y confiable son prácticas esenciales. Por otro lado, la venta por chat o correo electrónico requiere mensajes concisos, directos y bien estructurados.

La agilidad y la disponibilidad son ventajas destacadas. Un cliente puede realizar consultas fuera del horario laboral, o desde otro país, y recibir respuesta en un tiempo razonable. Además, la venta online se nutre de contenido de apoyo: demostraciones en video, artículos de blog, webinars, documentos técnicos y reseñas de otros compradores. Todo esto construye una experiencia informativa y personalizada.

La principal dificultad está en transmitir confianza y calidez sin el contacto físico. Por ello, el lenguaje escrito, el tono, la rapidez de respuesta, la coherencia del mensaje y la calidad del contenido se convierten en reemplazos de la presencia física. Si logras dominar estas variables, el canal online será un aliado poderoso.

Elegir el canal correcto muchas veces depende del tipo de producto o servicio que vendes. Por ejemplo, en la venta de artículos de lujo o soluciones empresariales complejas, la interacción presencial puede ser imprescindible para generar la confianza necesaria. En cambio, para productos digitales, servicios de suscripción o bienes de consumo cotidiano, el canal online puede resultar más práctico.

Considera también las preferencias del cliente. Algunas personas se sienten más cómodas hablando por teléfono que frente a una cámara. Otras prefieren la comunicación asincrónica del correo electrónico o el chat, para revisar la información a su propio ritmo. La clave está en preguntar y observar. Si el cliente se muestra reticente a la videollamada, ofrécele una llamada telefónica o una reunión breve en persona, si es factible.

La personalización del canal es un factor diferencial. Mostrar flexibilidad y adaptarte a las necesidades del cliente demuestra empatía y disposición. También es útil combinar canales: por ejemplo, iniciar con un correo electrónico informativo, pasar a una llamada telefónica para resolver dudas y, finalmente, concertar una reunión presencial para cerrar el trato.

Al final, la estrategia multicanal te permite llegar a más clientes en distintos contextos, maximizando las posibilidades de ventas. Cada canal añade una capa diferente de experiencia, y entender cómo integrarlas puede marcar la diferencia entre el éxito y el estancamiento.

La integración de canales también se ve reforzada por el uso de herramientas tecnológicas. Un CRM te permitirá llevar un registro detallado de las interacciones con cada cliente, independiente del canal utilizado. De esta forma, si hoy el cliente te contacta por chat y mañana por teléfono, podrás retomar la conversación sabiendo qué se discutió previamente.

Además, las plataformas digitales permiten automatizar ciertas tareas, como el envío de recordatorios o el seguimiento de clientes que no han completado una compra online. Estas acciones de seguimiento pueden complementarse con un contacto telefónico personalizado, demostrando así al cliente que lo tienes presente y que te importa su experiencia.

La coherencia en el mensaje es fundamental. Si en una reunión presencial elogias las ventajas del producto, es importante que en el sitio web y en el correo electrónico se transmitan los mismos valores y beneficios. La consistencia genera confianza: el cliente percibe que tu discurso no varía según el medio, sino que responde a una propuesta de valor sólida.

Al dominar la integración de canales y aprovechar la tecnología, podrás ofrecer una experiencia fluida y sin fricciones, lo que aumentará la satisfacción del cliente y la tasa de conversión. Esta sinergia es lo que convierte a la estrategia multicanal en un potente motor de crecimiento.

La comunicación no verbal y el contexto son aspectos que varían según el canal. En la venta presencial puedes observar la reacción del cliente cuando toca el producto o ve una demostración en tiempo real. En cambio, en la venta telefónica, debes inferir sus emociones a través del tono de voz y las pausas, y en la venta online, interpretar la satisfacción o confusión del cliente a partir de sus preguntas, el tiempo que pasa en el sitio, o las valoraciones que deja.

Esta adaptación sensorial es un reto, pero también una oportunidad. Aprender a "leer" el estado emocional del cliente a través de signos sutiles en cada canal te permitirá ajustar tu mensaje sobre la marcha. Por ejemplo, si en una videollamada el cliente cruza los brazos y mira hacia otro lado, tal vez esté abrumado o insatisfecho. En un chat, si las respuestas se vuelven cortas y distantes, puede indicar desinterés o duda.

Reconocer estos patrones requiere práctica y sensibilidad. La experiencia te ayudará a detectar matices que otros pasan por alto. Con el tiempo, desarrollarás una intuición sobre qué canal usar, cómo adaptarte a cada cliente y cómo reaccionar ante señales sutiles. Esa versatilidad es un rasgo distintivo del vendedor moderno, capaz de navegar con soltura por distintos medios de comunicación.

En conclusión, la diversidad de canales de venta puede verse como un desafío o como una gran oportunidad. Quedarse anclado en un solo medio limita tu alcance y tu capacidad de responder a las demandas del mercado. Por el contrario, dominar múltiples canales te convierte en un profesional versátil, capaz de adaptar tu estrategia según el cliente, el producto y el contexto.

La venta presencial, telefónica y online no son excluyentes, sino complementarias. Integrarlas de forma inteligente te permite aprovechar lo mejor de cada una: la cercanía y confianza del trato cara a cara, la eficiencia y rapidez del teléfono, y la flexibilidad y escalabilidad del entorno digital.

Lo más importante es mantener la coherencia, la empatía y el enfoque en el cliente. Si logras transmitir valor, responder con agilidad y escuchar las preferencias de cada persona, no importará el medio: el cliente sentirá que lo entiendes, que le ofreces soluciones pertinentes y que estás allí para apoyarlo. Esa sensación de cercanía y cuidado es el verdadero diferencial que hará que te prefieran una y otra vez.

Al terminar este capítulo, dispones de una visión más amplia y matizada del panorama multicanal. Ahora, estarás mejor preparado para abordar el siguiente paso: profundizar en las diferencias entre ventas de tangibles e intangibles, y cómo ajustar tu discurso según el tipo de producto o servicio que ofrezcas.

CAPÍTULO 7
VENTA DE TANGIBLES VS. INTANGIBLES

Vender un producto tangible —como un automóvil, un electrodoméstico o un libro— es una experiencia diferente a vender un servicio intangible, como una consultoría, una póliza de seguro o una membresía en una plataforma de streaming. La diferencia fundamental radica en la percepción inmediata del valor: mientras los tangibles pueden verse, tocarse y evaluarse a simple vista, los intangibles requieren que el cliente confíe en promesas, reputaciones y resultados futuros.

En la venta de tangibles, el cliente suele apreciar las características físicas: tamaño, peso, materiales, colores y diseño. Estos elementos son fáciles de mostrar y comparar. En cambio, con los intangibles, el valor radica en la experiencia, el conocimiento o el beneficio a largo plazo. Por ejemplo, al vender un curso online, el cliente no puede "ver" la enseñanza de inmediato, sino que debe imaginar el crecimiento profesional que obtendrá.

Esta distinción impone retos específicos. Con un producto tangible, el vendedor puede reforzar la propuesta con demostraciones en vivo, muestras, pruebas de uso y una presentación visual atractiva. El cliente puede interactuar directamente con el producto, explorando sus funciones y evaluando su calidad. Esto genera confianza y facilita la toma de decisiones.

En el caso de los intangibles, la estrategia se basa en comunicar el valor de forma clara y persuasiva, usando evidencia social (testimonios de clientes satisfechos), garantías de devolución, periodos de prueba gratuitos y ejemplos de casos de éxito. El objetivo es que el cliente "visualice" el beneficio y confíe en que la inversión se traducirá en resultados palpables, aunque no los pueda tocar físicamente.

A lo largo de este capítulo, exploraremos cómo adaptar las técnicas de venta a cada tipo de oferta, maximizando la efectividad y la satisfacción del cliente.

En la venta de intangibles, uno de los mayores desafíos es la construcción de la confianza. El cliente está adquiriendo algo que no puede sostener en sus manos, por lo que necesita creer en la promesa que le presentas. Aquí entran en juego varios recursos clave.
Primero, los testimonios y casos de éxito: relatos de otros clientes que obtuvieron resultados positivos al contratar el servicio. Estos funcionan como "pruebas" de que la promesa se cumple.

Mostrar reseñas, calificaciones y comentarios honestos genera credibilidad. También puedes incluir cifras concretas sobre mejoras en productividad, ahorro de costos, satisfacción del cliente u otros indicadores medibles.

Segundo, las garantías de satisfacción. Ofrecer un periodo de prueba o la posibilidad de reembolso si el servicio no cumple las expectativas reduce el riesgo percibido por el cliente. Esta seguridad extra facilita que el prospecto dé el paso y pruebe el servicio.

Tercero, la reputación profesional. Si se trata de un servicio de consultoría, la experiencia del consultor, sus certificaciones, logros, años de práctica, colaboraciones con empresas reconocidas y la calidad de sus publicaciones o ponencias son factores que incrementan la confianza.

Además, el storytelling es especialmente útil en los intangibles. Al relatar una historia donde un cliente similar enfrentaba un problema concreto que fue resuelto gracias a tu servicio, facilitas que el prospecto se identifique y entienda el valor. En definitiva, en la venta de intangibles el foco está en transmitir certidumbre, reducir la incertidumbre y crear una imagen mental clara del resultado positivo que obtendrá el cliente.

Por otro lado, en la venta de tangibles, el punto de partida es mucho más físico y directo. Mostrar el producto, permitir que el cliente lo toque, lo pruebe o lo examine de cerca aporta una evidencia inmediata y concreta del valor ofrecido. En estas situaciones, la presentación visual cobra especial importancia. Un empaque atractivo, imágenes de alta calidad, demostraciones prácticas y un entorno adecuado (como un showroom) pueden marcar la diferencia.

Las características técnicas y la calidad de los materiales también influyen. Un vendedor de productos tangibles debe conocer con detalle las especificaciones, las ventajas sobre la competencia y las certificaciones que respaldan la durabilidad o eficiencia del producto. La transparencia respecto a las condiciones de garantía y servicio técnico incrementa la sensación de seguridad.

Asimismo, las promociones, descuentos o planes de financiamiento se perciben de forma más tangible y pueden inclinar la balanza a favor de la compra. El cliente ve un objeto, entiende su funcionamiento, y si el precio le resulta justo por la calidad percibida, el cierre es más sencillo.

Sin embargo, no hay que olvidar el componente emocional. Aunque los tangibles ofrecen un beneficio inmediato, también es efectivo contar historias. Por ejemplo, un vendedor de vehículos puede resaltar cómo el coche no sólo es un medio de transporte, sino una herramienta para vivir experiencias memorables en familia, o mejorar la calidad de vida al facilitar los desplazamientos. De este modo, la experiencia emocional se suma a la tangible, creando un combo difícil de rechazar.

Entender las diferencias entre vender tangibles e intangibles permite que el vendedor moderno ajuste su estrategia según el tipo de producto o servicio. En muchos casos, el portafolio puede incluir ambos tipos, y entonces la habilidad para saltar de un enfoque a otro se convierte en una ventaja competitiva.

Por ejemplo, un vendedor de seguros (intangible) que también ofrece productos de seguridad física (tangible) puede adaptar su discurso: ante un cliente que busca proteger su hogar, primero puede mostrar dispositivos de seguridad (cámaras, alarmas) que el cliente puede ver y entender fácilmente. Luego, cuando introduce una póliza de seguro, la combina con historias de casos resueltos, estadísticas sobre robos evitados y la tranquilidad de contar con respaldo financiero. Así, el cliente percibe el valor en ambos niveles: lo que puede tocar y lo que asegura su bienestar futuro.

Al final, el objetivo es que el cliente confíe en tu oferta, ya sea tangible o intangible. Con los productos físicos, la prueba es directa; con los servicios, la prueba es indirecta, pero igualmente convincente si se sabe cómo presentar. Un vendedor versátil sabe cuándo enfatizar las características concretas y cuándo resaltar los beneficios intangibles.

Esta versatilidad aumenta las oportunidades de venta, refuerza la satisfacción del cliente y construye relaciones más profundas. Comprender estas diferencias es, por lo tanto, un paso esencial en la formación integral del vendedor moderno, que busca ofrecer valor sin importar el tipo de solución que esté poniendo sobre la mesa.

CAPÍTULO 8
ÉTICA Y SOSTENIBILIDAD EN LAS VENTAS

En el mundo moderno, las ventas ya no pueden verse como un simple intercambio comercial. La sociedad exige cada vez más transparencia, responsabilidad y compromiso con el bienestar colectivo. La ética en ventas no es sólo un ideal abstracto, es una necesidad práctica y una ventaja competitiva. Cuando un vendedor actúa con integridad, el cliente lo percibe, confía más y es más proclive a establecer una relación duradera.

La ética implica no engañar, no manipular, no presionar de forma indebida. Significa ser honesto sobre las características del producto, no ocultar información relevante, cumplir las promesas realizadas y respetar la dignidad del cliente. Los beneficios de actuar éticamente van más allá de la satisfacción inmediata: construyen reputación, credibilidad y aseguran la sostenibilidad del negocio a largo plazo.

La sostenibilidad, por su parte, se refiere a considerar el impacto social y medioambiental de lo que vendemos y de cómo lo vendemos. Los consumidores de hoy se interesan por el origen de los productos, las condiciones laborales de quienes los fabrican, el impacto medioambiental de su producción y la huella que dejan en el planeta. Ignorar estos aspectos es arriesgarse a perder clientes cada vez más informados y exigentes.

La unión de ética y sostenibilidad en ventas no es una moda pasajera, es una tendencia que llegó para quedarse. Las empresas y vendedores que demuestren empatía hacia las necesidades del mundo, que reduzcan su impacto negativo y que contribuyan a generar un valor real para la sociedad, obtendrán una ventaja competitiva sólida y difícil de imitar.

Cumplir con estándares éticos y sostenibles no implica renunciar a la rentabilidad. De hecho, un enfoque basado en la integridad puede aumentar el valor percibido, fidelizar clientes y reducir costos a largo plazo. Por ejemplo, informar con honestidad sobre las limitaciones del producto evita reclamos posteriores, devoluciones y problemas legales. De igual forma, una política de precios justa, transparente y coherente con la calidad ofrecida refuerza la imagen de confiabilidad.

Cuando el cliente percibe que el vendedor no sólo busca la comisión, sino que realmente le importa la satisfacción y el bienestar del comprador, se genera una conexión más fuerte. Este lazo se traduce en referencias, reseñas positivas y una mayor probabilidad de que el cliente regrese en el futuro. Así, la ética no sólo es correcta en términos morales, también es inteligente en términos comerciales.

En cuanto a la sostenibilidad, incorporar criterios ambientales y sociales en la oferta, ya sea destacando la eficiencia energética del producto, su carácter reutilizable, reciclable o la ausencia de sustancias nocivas, puede hacer la diferencia ante consumidores preocupados por el futuro del planeta. Este enfoque no se limita a productos físicos; también en servicios se pueden reflejar buenas prácticas: uso responsable de datos, soporte a comunidades locales, capacitación para el desarrollo personal del cliente o del equipo de ventas.

Al posicionarte como un vendedor o una empresa comprometida con la ética y la sostenibilidad, no sólo te alineas con las demandas del mercado, sino que contribuyes activamente a un entorno más justo y equilibrado.

La honestidad en la información, el trato respetuoso al cliente, la no discriminación y el cumplimiento de promesas son pilares éticos fundamentales. Pero la ética en ventas también implica rechazar prácticas agresivas, engañosas o desleales. Esto incluye no difamar a la competencia, no manipular datos, no presionar al cliente con falsos descuentos o limitaciones de stock inexistentes. La venta basada en el miedo o la culpa daña la relación a largo plazo.

Por el contrario, un vendedor ético se centra en el valor real que ofrece. Reconoce las limitaciones de su producto y ayuda al cliente a tomar una decisión informada. Si el producto no es adecuado para las necesidades del cliente, es preferible ser honesto y orientar hacia otra solución. Esta actitud puede sorprender a corto plazo, pero a la larga construye una reputación de confiabilidad que puede generar más ventas y relaciones más estables.

La sostenibilidad, por su parte, se extiende más allá del producto en sí. Implica considerar el ciclo de vida completo: desde la producción de materias primas hasta la distribución, el uso y la disposición final. Un vendedor informado puede resaltar las mejoras sostenibles implementadas por su empresa, como el uso de materiales reciclados, la reducción de emisiones durante el transporte o la compensación de huella de carbono. Estas acciones, lejos de ser detalles secundarios, pueden ser decisivas para un cliente que prioriza el consumo responsable.

En definitiva, la ética y la sostenibilidad posicionan al vendedor como un agente de cambio positivo, un profesional que entiende que las ventas tienen consecuencias más allá del momento de la transacción.

La adopción de una mentalidad ética y sostenible en las ventas también puede inspirar a otros. Cuando un vendedor o una empresa destacan por su integridad, impulsan a la competencia a elevar sus estándares. Con el tiempo, esto crea un entorno comercial más sano, donde los clientes están mejor informados y protegidos, y donde las empresas se sienten incentivadas a ofrecer soluciones verdaderamente valiosas y responsables.

Construir esta reputación requiere tiempo y coherencia. No basta con proclamar valores éticos, hay que demostrarlos en cada interacción. Desde el lenguaje usado en la publicidad hasta el modo en que se gestionan las quejas o devoluciones, cada detalle cuenta. La coherencia fortalece la marca personal y corporativa, y refuerza la confianza del cliente.

A medida que el mercado evoluciona, la conciencia social y ambiental sigue creciendo. Las nuevas generaciones de consumidores —más informadas y conectadas— exigen un nuevo estándar en las relaciones comerciales. Ignorar esta realidad es un riesgo significativo, mientras que abrazarla abre oportunidades de diferenciación y lealtad.

En conclusión, integrar la ética y la sostenibilidad en el proceso de ventas no es sólo una elección moral, sino una estrategia de largo plazo. Al poner el bienestar del cliente, de la sociedad y del medio ambiente en el centro de la ecuación, el vendedor moderno asegura no sólo su presente, sino la relevancia y el impacto positivo de su labor en el futuro.

CAPÍTULO 9
MANEJO DE OBJECIONES Y CIERRE DE VENTAS

Las objeciones son una parte natural del proceso de venta. Más que un obstáculo, pueden verse como una oportunidad para comprender mejor las inquietudes del cliente y brindar respuestas que refuercen el valor de tu propuesta. Cuando un cliente expresa una objeción —sea por el precio, la calidad, el tiempo de entrega o cualquier otro motivo—, en realidad te está dando una señal de que necesita mayor claridad, confianza o información.

El primer paso para manejar objeciones es escucharlas con atención, sin interrumpir ni mostrar impaciencia. Es importante validar la preocupación del cliente, demostrando empatía. Una respuesta como: "Entiendo perfectamente por qué lo ves así" o "Es una pregunta muy razonable" ayuda a que el cliente se sienta comprendido, rebajando la tensión.

A continuación, procura esclarecer la situación ofreciendo datos concretos, casos de éxito, garantías o ejemplos que alivien la duda. Por ejemplo, si el cliente considera que el precio es alto, puedes mostrar el valor añadido que obtendrá a largo plazo, ya sea en ahorros futuros, mayor durabilidad o mejores resultados. Si la objeción es sobre la calidad, ofrecer información técnica, certificaciones o testimonios de otros compradores puede servir de refuerzo.

La clave está en mantener una actitud calmada y confiada, evitando posturas defensivas. Convertir la objeción en una conversación colaborativa (¿De qué manera podría este producto o servicio satisfacer mejor tus expectativas?) genera un clima donde el cliente se siente partícipe de la solución. Con esta actitud positiva, muchas veces la objeción se convierte en el trampolín perfecto hacia el cierre de la venta.

No todas las objeciones tienen la misma raíz. Algunas provienen de la falta de información, otras del temor a tomar una mala decisión, y otras de una experiencia previa negativa con un producto o empresa similar. Identificar el tipo de objeción te permitirá abordarla con mayor eficacia.

Una técnica útil es reformular la objeción para asegurarte de haber entendido bien. Por ejemplo, si el cliente dice: "Me parece demasiado caro", puedes responder: "Entonces, ¿te preocupa si el valor que vas a obtener compensa la inversión?" Esto deja en claro cuál es la auténtica preocupación: el equilibrio entre costo y valor. Una vez que la objeción se esclarece, puedes enfocarte en demostrar que el producto sí brinda un valor superior a su precio.

Otra estrategia es anticiparte a las objeciones más comunes. Si conoces de antemano las dudas típicas, puedes abordarlas proactivamente en tu presentación. Por ejemplo, mencionar desde el inicio las políticas de garantía, las facilidades de pago o el soporte posventa, reducirá las dudas sobre el precio o la calidad. Al prevenir las objeciones, ayudas al cliente a avanzar con más confianza hacia el cierre.

Recordar que la objeción no es personal es fundamental. Muchas veces, el cliente no rechaza al vendedor ni sus habilidades, sino que necesita sentir que está tomando una decisión informada y segura. Mantener la serenidad, escuchar y responder de forma constructiva refuerza la imagen de profesionalismo y aumenta las posibilidades de que la interacción termine en una venta exitosa.

El momento del cierre es el punto culminante del proceso de venta. Una vez abordadas las objeciones y resueltas las dudas, es esencial dar el paso final con confianza y naturalidad. Hay distintas técnicas de cierre, y elegir la más adecuada dependerá del contexto y el tipo de cliente.
El cierre directo consiste en preguntar sin rodeos si el cliente desea avanzar: "¿Te gustaría concretar la compra hoy?" Este enfoque funciona cuando percibes que el cliente ya está listo. Por otro lado, el cierre por opción ofrece dos posibilidades beneficiosas, por ejemplo: "¿Prefieres el plan mensual o el anual?" Así, en lugar de cuestionar si comprará o no, el cliente se concentra en cuál alternativa encaja mejor con sus necesidades.

El cierre condicional es útil cuando aún persiste alguna inquietud: "Si te incluyo un año extra de garantía, ¿estarías listo para cerrar el trato?" Esta propuesta le demuestra al cliente que reconoces su objeción y ofreces una solución concreta, incentivándolo a tomar una decisión positiva.

La clave en el cierre es ser asertivo sin presionar en exceso. Observa las señales de compra: asientos, gestos de aprobación, preguntas sobre la logística de entrega, el pago o el periodo de garantía. Estas señales indican que el cliente está cerca de decidir. En ese momento, no hay que dudar. Un cierre oportuno y seguro genera la sensación de un trato sólido, reforzando la confianza en la decisión tomada.

El cierre de la venta no significa el final de la relación con el cliente, sino el inicio de una nueva etapa. Aun después de concretar la transacción, es importante brindar apoyo y seguimiento. Asegúrate de que el cliente quede satisfecho, que sepa cómo usar el producto o servicio, y que tenga claros los canales de contacto para resolver cualquier inconveniente.

Este enfoque posventa marca una gran diferencia. Un cliente que siente que ha sido bien atendido y valorado después del cierre es más propenso a recomendar tu marca, a comprarte nuevamente y a convertirse en un promotor natural de tus servicios. Por eso, cerrar la venta con actitud positiva, ofreciendo una despedida amable y recordando que estás a su disposición, sienta las bases para una relación a largo plazo.

Además, el análisis posterior al cierre es un recurso valioso para mejorar continuamente. Pregúntate: ¿Cuáles fueron las objeciones más difíciles de responder? ¿Qué factores llevaron al cliente a decir finalmente que sí? ¿Podría haber previsto alguna duda y abordarla antes? Este proceso de reflexión te ayudará a perfeccionar tu técnica, a anticiparte a futuras objeciones y a desarrollar cierres más efectivos.

La destreza en el manejo de objeciones y cierres de venta es una habilidad que se perfecciona con la experiencia. Cuanto más practiques, más confianza tendrás en tu capacidad de guiar al cliente desde el interés inicial hasta la firma del contrato o la entrega del producto.

En resumen, las objeciones no son el enemigo, sino una oportunidad para entender las necesidades reales del cliente y reforzar el valor de tu oferta. Abordarlas con empatía, claridad y serenidad fortalece la relación y pavimenta el camino hacia el cierre. Un vendedor que maneja las objeciones con habilidad se diferencia por su capacidad de escuchar, argumentar con datos, contar historias relevantes y aportar soluciones adaptadas a la situación.

Cuando llega el momento del cierre, la confianza en tu producto, en tu preparación y en el proceso desarrollado es fundamental. No temas proponer el siguiente paso. El cliente espera que lo guíes en la decisión, y tu papel es facilitarle esa resolución. Un buen cierre no se siente forzado, sino como la consecuencia lógica de un diálogo honesto y productivo.

Finalmente, recuerda que la venta no termina cuando el cliente dice "sí". El posventa es el espacio para consolidar la relación, reforzar la satisfacción y convertir una transacción puntual en una relación duradera. Esta visión de largo plazo hace que el manejo de objeciones y el cierre no sean meros trucos, sino parte de una filosofía de ventas más humana, centrada en generar valor mutuo. Al dominar estas habilidades, darás un paso más hacia el profesionalismo integral que distingue al vendedor moderno en un mercado cada vez más exigente.

CAPÍTULO 10
SERVICIO POSVENTA Y FIDELIZACIÓN DE CLIENTES

Cerrar una venta es un logro, pero no es el fin del camino. En realidad, representa el inicio de una nueva etapa en la relación con el cliente. El servicio posventa es el elemento que convierte una transacción puntual en una relación a largo plazo. Al cuidar al cliente después de que ha comprado, demuestras compromiso, aumentas su satisfacción y creas oportunidades de futuras ventas.

La clave del servicio posventa está en la atención oportuna, la resolución rápida de problemas y la disposición a escuchar las sugerencias del cliente. Si hay algún inconveniente con el producto o servicio, reaccionar con prontitud es fundamental. Un soporte técnico eficiente, una política de devoluciones justa o una guía clara de uso generan confianza.

La relación posventa también incluye el envío de información valiosa que ayude al cliente a sacar el máximo provecho de su compra. Puede ser un manual de instrucciones detallado, recomendaciones de mantenimiento, actualizaciones de software o contenido educativo relacionado. Estas acciones agregan valor y refuerzan la percepción de que tu marca no sólo quiere vender, sino que realmente se preocupa por el bienestar del cliente.

Además, la comunicación posventa permite detectar oportunidades de mejora. Escuchar las opiniones, quejas o halagos del cliente te proporciona información valiosa para perfeccionar tu oferta y tus procesos. A largo plazo, un buen servicio posventa se traduce en clientes satisfechos, fidelizados y dispuestos a recomendar tu marca a otros, convirtiéndose así en embajadores de tu negocio.

La fidelización de clientes es un objetivo estratégico que beneficia a ambas partes. Para el cliente, ser atendido con calidad y cuidado le genera tranquilidad y seguridad en sus futuras compras. Para el vendedor y la empresa, mantener a un cliente satisfecho es más rentable que buscar uno nuevo: las estadísticas muestran que retener a un cliente habitual cuesta menos que captar uno desde cero.

Existen múltiples herramientas para fomentar la lealtad. Los programas de fidelización, con recompensas, puntos o descuentos exclusivos, premian la constancia del cliente. Estos incentivos generan una sensación de pertenencia: el cliente se siente valorado y reconocido, no sólo como un número, sino como parte de una comunidad.

La comunicación regular es otro factor clave. Enviar boletines con novedades, ofrecer promociones personalizadas basadas en las compras anteriores o invitar a eventos exclusivos son formas de mantener el vínculo vivo. Cuanto más personalizado sea el trato, mayor será la sensación de que el cliente importa realmente, impulsando su permanencia.

Además, una marca con clientes fieles obtiene más que ventas recurrentes: también logra embajadores espontáneos que recomiendan el producto a sus familiares, amigos o colegas. Estas referencias son poderosísimas, pues suelen venir con la credibilidad y la confianza que no se logran con publicidad tradicional. Así, el cliente leal se convierte en un multiplicador de oportunidades, ampliando el alcance del negocio sin esfuerzos adicionales.

La retroalimentación del cliente es un tesoro. Escuchar sus opiniones, ya sean positivas o negativas, proporciona información invaluable para tomar decisiones más acertadas. Un cliente satisfecho puede señalar las fortalezas que vale la pena potenciar; uno insatisfecho, por su parte, indica dónde hace falta mejorar.

Para recopilar esta información, es útil implementar encuestas de satisfacción, solicitar comentarios en redes sociales o habilitar canales de comunicación directa, como el correo electrónico o el chat. Cada punto de contacto se convierte en una oportunidad para aprender y ajustar las estrategias. Además, responder públicamente a las críticas de forma constructiva y empática demuestra a otros clientes potenciales que la empresa se toma en serio las quejas y las resuelve.

La mejora continua, alimentada por la retroalimentación de los clientes, transforma el posventa y la fidelización en un ciclo virtuoso: a medida que escuchas, mejoras; al mejorar, ofreces una experiencia más grata; al hacerlo, aumentas la satisfacción y la lealtad del cliente, y así sucesivamente.

Este enfoque centrado en el cliente requiere humildad y apertura. Reconocer errores, pedir disculpas y recompensar al cliente cuando algo sale mal son gestos que fortalecen la relación. Lejos de ser una pérdida, estas acciones son una inversión en la reputación y el prestigio de la marca. Con el tiempo, esa reputación sólida te diferenciará de la competencia.

La tecnología es un gran aliado para el posventa y la fidelización. Un CRM (Customer Relationship Management) bien gestionado permite almacenar información clave de cada cliente: sus compras anteriores, sus preferencias, sus interacciones previas con el servicio de atención. Esta información facilita un trato más personalizado, ofreciendo soluciones y recomendaciones ajustadas a sus gustos y necesidades.

La automatización también es útil. Recordatorios de mantenimiento, notificaciones de actualizaciones, avisos de renovación de servicios o de disponibilidad de nuevos productos pueden enviarse automáticamente, manteniendo una presencia constante sin agobiar. La clave es encontrar el equilibrio: no saturar al cliente con mensajes irrelevantes, sino comunicar en el momento oportuno aquello que realmente le aporta valor.

Además, las herramientas digitales permiten que los clientes se ayuden entre sí. Foros, grupos en redes sociales o secciones de preguntas frecuentes ofrecen un espacio para compartir experiencias, solventar dudas y fortalecer la comunidad alrededor de la marca. Cuando los clientes contribuyen a resolver las dudas de otros, la empresa no sólo ahorra tiempo, sino que refuerza el sentido de pertenencia y cooperación.

En conjunto, la tecnología amplía las posibilidades del posventa, haciendo más fácil responder rápido, personalizar la comunicación y recopilar datos valiosos. Cuando se combina con una atención humana auténtica y una actitud de mejora continua, el resultado es una relación mucho más estrecha, fluida y provechosa.

En definitiva, el servicio posventa y la fidelización no son meros apéndices del proceso de venta, sino partes integrales de la estrategia comercial. Un cliente que confía en tu marca se convierte en un activo valioso: no sólo sigue comprando, sino que defiende tu reputación, aporta ideas para innovar, te ayuda a comprender el mercado y multiplica tu presencia a través de recomendaciones.

El esfuerzo que dedicas a entender y atender a tu cliente después de la compra se traduce en relaciones más duraderas y estables. Estas relaciones, a su vez, generan un círculo virtuoso: más satisfacción, más lealtad, más ventas y mayor sostenibilidad para el negocio.

Asimismo, la fidelización otorga resiliencia ante la competencia y los vaivenes del mercado. Cuando tu marca significa algo valioso para el cliente, será más difícil que las ofertas de la competencia lo desvíen. Esto no implica estancarse; al contrario, es una invitación constante a la mejora. Un cliente fiel espera que mantengas tu nivel de calidad y atención, y esa expectativa te obliga a estar a la altura.

De esta forma, el posventa y la fidelización cristalizan la visión más amplia de las ventas: una actividad que no termina con la firma de un contrato, sino que se expande en el tiempo, generando valor, reforzando vínculos y construyendo un futuro más sólido y gratificante para todas las partes involucradas.

CONCLUSIONES

A lo largo de este libro, hemos explorado el mundo de las ventas desde una perspectiva integral, dinámica y humana. Comenzamos analizando el rol del vendedor moderno, entendiendo que hoy se requiere mucho más que un simple discurso persuasivo. La capacidad de empatizar, de comunicar con claridad, de entender al cliente en toda su complejidad psicológica, y de adaptarse a un entorno multicanal, son ahora habilidades esenciales.

Hemos visto que la venta no consiste únicamente en cerrar transacciones, sino en construir relaciones basadas en la confianza y el valor mutuo. La comunicación efectiva, ya sea presencial, telefónica u online, es el puente que conecta la propuesta de valor con las necesidades del cliente. De igual forma, la comprensión profunda de su perfil psicológico, motivaciones y contextos culturales, nos permite ofrecer una experiencia personalizada, significativa y duradera.

Las técnicas y estrategias de venta, combinadas con el marketing personal y la construcción de marca, generan un marco de acción coherente. No se trata de manipular, sino de inspirar decisiones informadas y de asegurar que el cliente perciba claramente el beneficio de nuestra oferta. En este sentido, la ética y la sostenibilidad pasan de ser meras aspiraciones a convertirse en pilares de la reputación profesional y la competitividad a largo plazo.

Al entender las diferencias entre la venta de tangibles e intangibles, reconocer la importancia del manejo de objeciones, el cierre oportuno y el servicio posventa, el vendedor moderno evoluciona de ser un mero intermediario a un asesor de confianza, un profesional integral capaz de responder a las demandas cambiantes de un mercado en constante transformación.

La adopción de una mentalidad abierta y dispuesta a la mejora continua ha sido un hilo conductor en estas páginas. En ventas, nada permanece estático: las preferencias de los clientes cambian, las tecnologías avanzan, la competencia se vuelve más creativa, y las expectativas se elevan con cada experiencia satisfactoria. Por ello, el aprendizaje constante, la curiosidad y la flexibilidad resultan tan importantes.

La retroalimentación es un valioso recurso, tanto la que recibimos de los clientes como la que obtenemos al reflexionar sobre nuestros propios procesos. Cada interacción, ya sea exitosa o no, es una oportunidad de crecimiento. Un vendedor que analiza sus aciertos y errores, que perfecciona su discurso, que prueba nuevas técnicas, que incorpora herramientas digitales y que adopta prácticas éticas y sostenibles, se posiciona como un profesional preparado para afrontar retos futuros.

Además, la visión a largo plazo permite trascender la venta individual. Al preocuparte genuinamente por la satisfacción del cliente, por su experiencia y por el impacto de tus acciones, construyes una base sólida sobre la cual desarrollar relaciones comerciales más estables y gratificantes. En este sentido, la fidelización no es sólo una meta comercial, sino un testimonio de la calidad humana y profesional que aportas.

Este libro ha buscado ser un compañero de ruta, un mapa de conceptos, técnicas y reflexiones que te ayuden a forjar tu propio estilo. Recuerda que no hay fórmulas mágicas ni atajos infalibles: la verdadera maestría en ventas surge de la experiencia, la adaptabilidad y el compromiso con la excelencia.

Con todas estas herramientas y perspectivas en mente, estás mejor preparado para enfrentar el dinámico mundo de las ventas. Has adquirido una visión más amplia, que va desde la comunicación y la psicología del cliente, hasta la ética, la sostenibilidad, la multicanalidad y la construcción de marca personal. Cada uno de estos elementos contribuye a un desempeño más sólido, confiable y relevante en el mercado actual.

La invitación final es a seguir aprendiendo. El sector comercial evoluciona constantemente, y las oportunidades de innovar, sorprender y generar valor nunca se agotan. Mantente informado sobre las nuevas tendencias, escucha a tus clientes, dialoga con otros profesionales y no temas experimentar con diferentes enfoques.

Este es un camino de desarrollo continuo, en el que el perfeccionamiento de tus habilidades es un proceso sin fin. Con cada venta, con cada relación establecida, con cada objeción superada y con cada cliente fidelizado, vas puliendo tu esencia como vendedor moderno.

En conclusión, las ventas no son sólo números, son personas, historias, soluciones y experiencias. Al comprender esta riqueza humana, al asumir con responsabilidad el rol de asesor y no sólo de vendedor, al agregar valor de manera ética y sostenible, habrás dado un paso decisivo para destacar y prosperar en el mundo comercial contemporáneo. Que estas conclusiones te sirvan de inspiración para seguir creciendo y construyendo relaciones comerciales plenas, honestas y duraderas.

REFERENCIAS

A lo largo del libro, se han mencionado o aludido conceptos, enfoques y metodologías respaldados por diversas fuentes académicas, estudios de mercado y obras de autores reconocidos en las áreas de ventas, marketing, psicología y comportamiento del consumidor.

Las referencias que se presentan a continuación tienen el propósito de ofrecer al lector puntos de partida para profundizar en los temas tratados. Asimismo, reflejan el compromiso con el rigor y la transparencia, garantizando que las ideas, técnicas y teorías incluidas estén sustentadas por investigaciones y experiencias de profesionales en el campo.

Referencias Bibliográficas:

- Cialdini, R. B. (1984). Influence: The Psychology of Persuasion. Harper Business.
- Dixon, M., & Adamson, B. (2011). The Challenger Sale: Taking Control of the Customer Conversation. Portfolio/Penguin.
- Dweck, C. S. (2006). Mindset: The New Psychology of Success. Random House.
- Keller, K. L. (2013). Strategic Brand Management: Building, Measuring, and Managing Brand Equity (4th ed.). Pearson.

- Kotler, P., & Keller, K. L. (2016). Marketing Management (15th ed.). Pearson.
- Mehrabian, A. (1971). Silent Messages. Wadsworth Publishing Company.
- Pink, D. H. (2012). To Sell Is Human: The Surprising Truth About Moving Others. Riverhead Books.
- Rackham, N. (1988). SPIN Selling. McGraw-Hill.
- Solomon, M. R. (2018). Consumer Behavior: Buying, Having, and Being (13th ed.). Pearson.
- Zaltman, G. (2003). How Customers Think: Essential Insights into the Mind of the Market. Harvard Business School Press.

Estas referencias abordan la conducta del consumidor, las dinámicas de la comunicación y la persuasión, estrategias de marca, técnicas de venta consultivas, el entendimiento profundo del cliente y la importancia de la mentalidad de crecimiento. La combinación de estos recursos permite comprender las ventas desde una perspectiva multidisciplinaria, integrando aspectos psicológicos, sociológicos, tecnológicos y gerenciales.

Invitamos al lector a explorar estos materiales para enriquecer su formación y mantener un aprendizaje continuo. Las obras referenciadas no son exhaustivas, pero constituyen una base sólida para quienes deseen profundizar en la psicología de la venta, el marketing estratégico, la gestión de marca personal y las tendencias actuales del mercado. El conocimiento resultante ayudará a perfeccionar habilidades, adaptar enfoques, innovar en metodologías y responder con más precisión a las necesidades cambiantes de los clientes en el panorama comercial contemporáneo.

GLOSARIO DE TÉRMINOS CLAVE

En el mundo de las ventas y el marketing existe una gran cantidad de términos, siglas y conceptos que pueden resultar abrumadores, especialmente para quienes recién se inician en este campo.

Un glosario puede servir como herramienta de consulta rápida, facilitando la comprensión y evitando confusiones. A continuación, se presenta una lista de términos clave, con definiciones concisas para que el lector se familiarice y aplique estos conceptos con mayor confianza.

- Buyer Persona: Perfil semificticio del cliente ideal, basado en datos demográficos, comportamientos y motivaciones reales.

- Challenger Sale: Metodología de venta centrada en desafiar al cliente con nuevas perspectivas, ayudándolo a reconsiderar su situación.

- CRM (Customer Relationship Management): Herramienta de gestión que centraliza información sobre clientes, interacciones y oportunidades de venta.

- KPI (Key Performance Indicator): Indicador clave de rendimiento utilizado para medir el progreso hacia objetivos específicos.

- ROI (Return On Investment): Métrica para evaluar la rentabilidad de una inversión, comparando el beneficio obtenido con el costo invertido.

- SPIN Selling: Metodología que estructura la conversación de ventas en Preguntas de Situación, Problema, Implicación y Necesidad de Solución, orientando al cliente a reconocer sus propias necesidades.

- Storytelling: Uso de relatos y narrativas en el proceso de ventas para conectar con las emociones del cliente y hacer más memorable el mensaje.

- Venta Consultiva: Enfoque en el cual el vendedor actúa como asesor experto, comprendiendo a fondo las necesidades del cliente para ofrecer soluciones personalizadas.

- Venta Multicanal: Estrategia que integra varios canales (presencial, telefónico, online) para llegar al cliente en el medio más conveniente.

- Upselling/Cross-selling: Técnicas de venta que ofrecen al cliente productos o servicios de mayor valor (upselling) o adicionales y complementarios (cross-selling).

CASOS PRÁCTICOS O EJEMPLOS CONCRETOS

Nada refuerza más el aprendizaje que ver cómo las teorías, técnicas y enfoques se aplican en situaciones reales. En este capítulo, presentaremos algunos casos prácticos —ficticios pero verosímiles— que muestran el uso de las estrategias presentadas a lo largo del ebook. Estos ejemplos pretenden servir de inspiración y guía, ayudando al lector a visualizar el proceso de venta en acción.

CASO 1: Venta Consultiva en B2B

María vende un software de gestión empresarial dirigido a pequeñas y medianas empresas. En su primera reunión con un potencial cliente, una pyme del sector logístico, aplica el método SPIN. Primero, formula Preguntas de Situación para entender su sistema actual; luego identifica Problemas: plazos de entrega descontrolados, dificultad para asignar tareas y poca visibilidad sobre inventarios. Con Preguntas de Implicación, María hace que el gerente note el impacto en costos y en satisfacción del cliente final. Finalmente, con Preguntas de Necesidad de Solución, el gerente reconoce el valor que tendría una herramienta centralizada. Al terminar, él mismo pide una demostración del software y accede a una prueba gratuita. Este enfoque consultivo facilitó que el cliente "descubriera" sus necesidades y se abriera a la propuesta.

CASO 2: Storytelling en Venta de Productos Tangibles

Javier vende aspiradoras de alta gama. En lugar de limitarse a describir funciones técnicas, cuenta una historia: "Imagina tu sala llena de invitados y niños jugando; gracias al sistema de filtrado avanzado, la aspiradora no sólo dejará el piso impecable, sino también el aire más puro. Una madre con alergias severas compartió que, desde que la usa, su hogar es más cómodo y limpio."

Con esta anécdota, Javier conecta emocionalmente con el cliente, mostrando cómo el producto mejora la vida cotidiana. El comprador no sólo entiende las características, sino el valor real que agregan a su hogar.

CASO 3: Manejo de Objeciones en Venta Telefónica

Carla ofrece cursos online. Un prospecto objeta el precio, considerándolo elevado. Carla reformula: "Entonces, ¿te preocupa si obtendrás el valor suficiente por la inversión?" Tras esto, explica cómo el curso aumenta la productividad y ahorra tiempo, proporcionando testimonios de alumnos que han duplicado sus resultados. El prospecto entiende que no es un gasto, sino una inversión, y decide inscribirse.

Estos casos ilustran la aplicación práctica de técnicas consultivas, storytelling y manejo de objeciones, demostrando cómo conectar con el cliente a nivel racional y emocional.

CASO 4: Venta Multicanal y Fidelización

Ana gestiona una marca de cosméticos orgánicos. Usa Instagram y TikTok para atraer clientes jóvenes, responde consultas por chat en su tienda online y ofrece descuentos personalizados vía correo electrónico. Además, organiza eventos presenciales en ferias locales, donde los clientes pueden probar los productos. Tras la compra, envía un correo agradeciendo la preferencia e incluye una guía sobre cómo combinar los productos para mejores resultados. Meses después, ofrece una promoción exclusiva a quienes se registraron en su plataforma. Con esta estrategia multicanal, Ana crea un ecosistema de atención constante, generando confianza, fidelizando al cliente y fomentando el boca a boca positivo.

Estos casos prácticos confirman que no existe una fórmula única para el éxito en ventas. La clave está en adaptar las técnicas al contexto, al producto, al canal y, sobre todo, al cliente. Con la experimentación y el aprendizaje continuo, el vendedor moderno refuerza su capacidad para convertir teorías en resultados concretos.

PLANTILLAS Y HERRAMIENTAS PRÁCTICAS

Tener a mano recursos concretos puede facilitar la implementación de las estrategias vistas en el libro. A continuación, presentamos algunas plantillas y herramientas prácticas que el lector puede adaptar a sus necesidades:

1. **Checklist de Preparación para una Reunión de Ventas:**

    o Investigar el negocio del cliente (tamaño, sector, principales retos).
    o Definir los objetivos de la reunión (presentar producto, entender necesidades, cerrar venta).
    o Preparar material de apoyo (presentaciones, muestras, datos).
    o Anticipar objeciones típicas y argumentos para responderlas.
    o Definir la siguiente acción a proponer al finalizar la reunión (prueba gratuita, demo, segundo encuentro).

2. **Guion Flexible para Llamadas Telefónicas:**

    o Saludo breve y amable, mencionar el nombre del cliente si se conoce.

- o Explicar en una frase el propósito de la llamada.
- o Formular preguntas abiertas para identificar necesidades.
- o Resaltar uno o dos beneficios clave.
- o Consultar si el cliente desea más información o prefiere agendar una demostración.

3. **Esquema SPIN para Preparar Preguntas:**

    - o Situación: "¿Cómo administran actualmente sus inventarios?"
    - o Problema: "¿Qué dificultades encuentran al calcular los plazos de entrega?"
    - o Implicación: "Si esos retrasos continúan, ¿cómo afecta la satisfacción del cliente final?"
    - o Necesidad de Solución: "¿Cuánto mejoraría su operación si tuvieran una visión en tiempo real de las existencias?"

4. **Plantilla de Seguimiento Posventa:**

    - o Fecha de la venta y producto/servicio adquirido.
    - o Fecha de contacto de seguimiento.
    - o Pregunta sobre la experiencia de uso.

- o Ofrecer soporte adicional (manuales, guías, tutoriales).
- o Invitar al cliente a dejar una reseña si está satisfecho.
- o Anotar feedback recibido y posibles mejoras.

5. Matriz de Canales de Comunicación:

- o Columnas: Presencial, Telefónico, Online (Chat, Email, Videollamada).
- o Filas: Prospección, Presentación, Negociación, Cierre, Posventa.
- o En cada celda, anotar las herramientas, mensajes clave y tono de comunicación más adecuados.

6. Hoja de Objeciones Frecuentes y Respuestas:

- o Objeción: "El precio es muy alto."
Respuesta: Destacar valor a largo plazo, ROI, testimonios de clientes satisfechos.

- o Objeción: "No tengo tiempo ahora."
Respuesta: Ofrecer una versión resumida, una demo corta o una llamada de seguimiento en un momento más oportuno.

- o Objeción: "No creo que lo necesite."

Respuesta: Indagar sobre problemas no explícitos, presentar beneficios no considerados, contar casos de éxito de clientes con problemas similares.

Estas herramientas sirven como punto de partida. El lector puede modificarlas, añadir detalles o combinarlas entre sí según su sector, producto y estilo personal. Lo importante es utilizar estos recursos para organizar el trabajo, mantener el foco en el cliente y dar un servicio coherente y de calidad en cada interacción.

Estas plantillas transforman las ideas del libro en acciones concretas. El vendedor puede imprimirlas, guardarlas en su dispositivo o integrarlas en su CRM, usándolas como guía diaria.

Con el tiempo, la práctica y el refinamiento de estas herramientas; se fortalecerá la capacidad del profesional para responder con agilidad a distintas situaciones, mejorando su efectividad y confianza.

RECURSOS ADICIONALES Y LECTURAS COMPLEENTARIAS

El mundo de las ventas evoluciona rápidamente. Mantenerse actualizado es esencial para aprovechar nuevas oportunidades y mejorar continuamente las habilidades. A continuación se presentan algunos recursos adicionales (enlaces, autores, medios) que pueden complementar lo aprendido:

- **Blogs y Sitios Web Especializados:**

    o   HubSpot Blog (blog.hubspot.es): Consejos sobre ventas, marketing y atención al cliente.

    o   Sales Hacker (saleshackers.es): Estrategias, herramientas y tendencias en ventas B2B.

    o   Neil Patel (neilpatel.com): Contenido sobre marketing digital, conversión y posicionamiento online.

- **Canales de YouTube y Podcasts:**

    o   "The Sales Hacker Podcast": Entrevistas a líderes de ventas y consejos prácticos.

o "Masters of Scale" con Reid Hoffman: Si bien no es exclusivamente de ventas, ofrece insights sobre crecimiento y negociación.

o "Jeb Blount" en YouTube: Autor de "Fanatical Prospecting", comparte tips para la prospección activa.

- **Libros y Autores Adicionales:**

    o Godin, Seth (1999). Permission Marketing. Simon & Schuster.

    o Blount, Jeb (2015). Fanatical Prospecting. Wiley.

    o Gitomer, Jeffrey (2013). The Sales Bible. Wiley.

    o Mahan Khalsa & Randy Illig (2008). Let's Get Real or Let's Not Play. FranklinCovey.

- **Cursos y Certificaciones Online:**

o   HubSpot Academy: Cursos gratuitos sobre inbound sales, marketing y CRM.

o   LinkedIn Learning: Amplia biblioteca de cursos en ventas, comunicación y liderazgo.

o   Coursera/edX: Programas de universidades reconocidas sobre psicología del consumidor y técnicas de venta.

Estos recursos no sólo complementan el conocimiento del libro, sino que también permiten adaptarse a las nuevas tendencias, explorar enfoques específicos y perfeccionar las habilidades con el paso del tiempo. La clave es la curiosidad y la disposición a aprender continuamente, aprovechando la variedad de formatos —textos, videos, podcasts, cursos interactivos— para evolucionar como profesional de ventas.

NOTAS SOBRE ADAPTACIONES CULTURALES O LOCALES

El mundo de las ventas es global, y cada mercado tiene sus propias normas culturales, valores, comportamientos y expectativas. Adaptar las técnicas y estrategias a diferentes contextos culturales puede marcar la diferencia entre el éxito y el fracaso. Un enfoque que funciona en un país puede resultar menos efectivo en otro, debido a diferencias en la comunicación, el lenguaje corporal, las costumbres empresariales o el protocolo a la hora de negociar.

Por ejemplo, en algunas culturas se valora la relación personal antes de hablar de negocios, por lo que dedicar tiempo a conocer al cliente, a charlar sobre temas personales o sociales, puede ser esencial para generar confianza. En otras, la eficiencia y la puntualidad son prioritarias, y el cliente espera una presentación concisa, datos claros y una propuesta directa desde el inicio.

Las adaptaciones también se extienden al idioma. Contar con material traducido con precisión, evitar jergas locales incomprensibles y respetar las convenciones lingüísticas del mercado objetivo son pasos fundamentales para transmitir el mensaje sin malentendidos.

El lenguaje corporal es otro aspecto a considerar. La distancia física, el contacto visual, el tono de voz y los gestos pueden interpretarse de maneras muy distintas según la región. Estudiar las normas culturales básicas del país o la comunidad con la que se va a interactuar evita situaciones incómodas y comunica respeto.

También es aconsejable informarse sobre las regulaciones legales y normativas locales que afectan la venta de ciertos productos o servicios. Cumplir con la legislación, las políticas de protección al consumidor, las disposiciones ambientales o las prácticas anticorrupción es esencial para mantener la reputación y evitar sanciones.

En definitiva, la sensibilidad cultural es un componente crítico de la venta globalizada. Un vendedor que reconoce estas diferencias y se adapta con flexibilidad, empatía y respeto tiene muchas más probabilidades de crear relaciones comerciales fructíferas, cimentadas en la comprensión mutua y la valorización de la diversidad.

www.ingramcontent.com/pod-product-compliance
Lightning Source LLC
Chambersburg PA
CBHW070144230526
45471CB00002B/514